Werner Wehrmeyer (Hg.)

Adventsfeiern

Werner Wehrmeyer (Hg.)

Adventsfeiern

BONIFATIUS
Druck · Buch · Verlag
PADERBORN

Imprimatur. Paderbornae, d. 23. m. Octobris 1996
Nr. 58 – 21.00.2/432. Vicarius Generalis i. V. Dr. Schmitz

Die Deutsche Bibliothek – CIP-Einheitsaufnahme

Adventsfeiern / Werner Wehrmeyer (Hg.). – Paderborn:
Bonifatius 1996
ISBN 3-87088-912-8
NE: Wehrmeyer, Werner [Hrsg.]

ISBN 3-87088-912-8

Gesamtherstellung:
Bonifatius GmbH Druck · Buch · Verlag Paderborn

Inhalt

Einführung 7

1. Adventsfeier:
Warten – Barbarazweige – Hoffnungszeichen 9

2. Adventsfeier:
Der heilige Joseph – Ein Mann der Tat 25

3. Adventsfeier:
Mit den Hirten wollen wir gehen 45

4. Adventsfeier:
Licht und Dunkelheit
Meditation zur Kerze 63

5. Adventsfeier:
Wurzel Jesse – Hoffnung im Advent 81

Adventsfeier:
Stern über Bethlehem, zeig uns den Weg 101

7. Adventsfeier:
Denk' ich an Weihnacht 113

8. Adventsfeier:
Bereitet den Weg des Herrn 131

9. Adventsfeier:
Die heilige Lucia 145

10. Adventsfeier:
Türen öffnen 157

11. Adventsfeier:
Herbergssuche 167

12. Adventsfeier:
Biblisches Mahl 173

13. Adventsfeier:
Krippe 181

Einführung

Adventszeit ist noch nicht Weihnachtszeit. Darum sollten auch Feiern im Advent keine vorweggenommenen Weihnachtsfeiern sein. Nun ist es aber viel leichter, von den Liedangeboten und der Fülle anderer Texte her, eine Weihnachtsfeier zu gestalten als eine Adventsfeier, die diesem Namen entspricht. Die KAB unserer Pfarrgemeinde St. Joseph in Haltern-Sythen hat sich das seit vielen Jahren jedoch vorgenommen. Es war nicht leicht, adventliche Grundgedanken als roten Faden jedes Jahr wieder zu finden, und vor allem hat es viel Mühe gekostet, inhaltlich angemessene Texte, Bilder, Zeichen und Lieder zu finden. Die Mitglieder des Vorstandes haben sich an manchen Abenden vor dem Advent dieser Mühe unterzogen. Nicht nur sie selbst, sondern insbesondere auch die übrigen Mitglieder unserer KAB fanden die so entstandenen Adventsfeiern als sehr aussagekräftig und ganz und gar adventlich geprägt. Wir meinen, sie könnten anderen Vereinen und Gruppen hilfreich sein, und stellen unsere Texte gern zur Verfügung. Es ist uns ein wichtiges Anliegen, den besonderen Charakter der Adventszeit zu erhalten und zu pflegen und nicht in den weitgehend unadventlichen lauten Rummel der Wochen vor Weihnachten einzustimmen. Uns würde es freuen, wenn durch dieses Büchlein Anregungen für andere vermittelt werden könnten. Wir selbst wären dankbar für Vorschläge von anderen.
Wir haben extra darauf verzichtet, die Texte der Adventsfeiern stets so zu „glätten", daß der Bezug zu unserer Pfarrgemeinde nicht mehr deutlich wird. Aus diesem Grund sind auch die plattdeutschen Texte nicht durch hochdeutsche ersetzt worden.
Für die Vorbereitung der Feiern wird für die Lesungen eine Bibelausgabe benötigt, für die Lieder das katholische Gebet- und Gesangbuch „Gotteslob" (im Text mit GL abgekürzt). Auch hier sind einige Male Lieder aus dem Münsteraner Eigenteil angegeben, die mit Leichtigkeit durch themengleiche Lieder anderer Diözesananhänge ausgetauscht werden können.
Bei fast jeder Adventsfeier wurden Dias zum gewählten Thema gezeigt. Dem vorliegenden „Textbuch" sollen diese Bilder nicht beigefügt werden. Wir meinen, daß gerade hier den Vorbereitungsgruppen in den Gemeinden der thematische Hinweis genügt, um aus dem eigenen Bildrepertoire selbst eine geeignete Auswahl treffen zu können.

Haltern-Sythen, im September 1996

Pfarrer Werner Wehrmeyer

Hl. Barbara. Skulptur aus Mondorf, Lothringen

1. Adventsfeier

Thema:
Warten – Barbarazweige – Hoffnungszeichen

Verlauf der Adventsfeier

Lied:	Wir sagen euch an den lieben Advent (GL 115, Strophen nach Anzahl der zu entzündenden Kerzen)
Text:	Der Advent
Spiel:	Warten auf etwas Neues
Lied:	Wachet auf, ruft uns die Stimme (GL 110, 1. und 2. Strophe)
Text:	Warten – ein adventliches Thema
Lied:	O komm, o komm, Emmanuel (GL 902, 1.-3. Strophe)
Text:	Die Legende von der heiligen Barbara
Lied:	Es kommt ein Schiff geladen (GL 114, 1.-3. Strophe)
Text:	Barbarazweig
Gedicht:	Am 4. Dezember (Josef Guggenmos)
Fürbitten:	Bitten zur Entfaltung des Zweiges
Lied:	Tauet, Himmel, den Gerechten (GL 901, 1. und 2. Strophe)
Text:	Die Essener Legende zum Barbarazweig (Wolfgang Schulze)
Lied:	Macht hoch die Tür (GL 107, 1. und 5. Strophe)

Im anschließenden gemütlichen Teil wurde noch die plattdeutsche Geschichte „Dat lierige Krippken von Senhorst“ vorgelesen.

Vorbereitungen für die Adventsfeier:

- Adventskranz für das Eingangslied
- Zwei Grubenlampen
- Ein großer Kirschzweig
- Kleine blühende Blumen
- Für jeden Teilnehmer einen kleinen Kirschenzweig für zu Hause
- Kassettenrecorder, Tonband mit angemessener Musik

Lied:
Wir sagen euch an den lieben Advent (GL 115, Strophen nach Anzahl der zu entzündenden Kerzen)

Text:
Der Advent

Der Advent ist die Vorbereitungszeit auf Weihnachten, die Zeit der Erwartung auf den Erlöser.
Erwartung steigert sich – wie die Anzahl der brennenden Kerzen am Adventskranz – von Sonntag zu Sonntag, auf Weihnachten zu.
Der Advent versetzt uns rückschauend in die Zeit, die dem Kommen des Herrn vorausging. Er will uns zugleich vorausschauend bewußt machen, daß wir selber noch Wartende sind, bis Er zur Vollendung unseres Lebens und aller Welt wiederkommt.
Der Advent ist darum immer auch gemeint als eine Zeit, in der wir unsere Erwartung des Reiches Gottes erneuern sollen. Denn wir haben durch Glauben und Taufe volles Bürgerrecht in diesem Reich. Die Kirche bietet uns in Wort und Sakrament die Kräfte dieses Reiches an, daß sie in uns wirken können – aber seine Herrlichkeit ist noch verborgen. Nur das gläubige Auge nimmt einiges davon wahr. Darum leben wir wirklich noch im Advent. Und so sollen wir es wieder verstehen, wenn wir Weihnachten entgegengehen.
Den Advent begehen, das heißt hören auf die alten Worte der Propheten, die in Christus neue Bedeutung gewinnen, hören auf Sein Wort; sich freuen über Seine Botschaft und Seine Verheißung; umkehren von falschen Wegen; neu anfangen, die Liebe zu üben, die das Grundgebot des Reiches Gottes ist.
Auch wir hier stehen wieder im Advent, im Advent des Jahres ... Wir hören nun ein kleines Anspiel zum Advent, ein Spiel, in dem ein Reporter Wartende befragt.
Musik

Spiel:
„Warten auf etwas Neues“ (Cornelia Mack)

Inhalt des Anspiels:
Die Erwartung, in der wir im Advent stehen.
Decken sich unsere Lebenserwartungen mit dem, was Christus bringt?

Benötigtes Material:
Kassettenrecorder
Musikstück „Wachet auf ...“ o. ä.

Wartender 1: Ich warte.
Wartender 2: Ich auch.
Interviewer: Worauf wartet ihr denn?
W 1: Auf Freude.
I: Warum auf Freude? Hast du denn keine Freude?
W 1: Nein, ich habe alle Freude verloren. Vor einem halben Jahr habe ich den liebsten Menschen, den ich hatte, verloren, seither ist mir jeder Tag eine Last. Manchmal scheint mir alles trostlos.
I: Und trotzdem wartest du auf Freude?
W 1: Ja, ich halte mich bereit für neue Freude.
I: *(nachdenklich)*: Tja, wenn das so ist ...
(Wendet sich W 2 zu:)
Wartest du auch?
W 2: Ja, ich warte auch.
I: Wartest du auch auf Freude?
W 2: Nein, Freude erlebe ich schon hin und wieder.
Was Freude ist, weiß ich schon. Ich warte viel mehr auf Erfüllung, auf Sinn.
I: Wie meinst du das?
W 2: Ich habe mein ganzes Leben lang gearbeitet, habe geschuftet, habe Karriere gemacht – und das alles eigentlich für die Familie. Nun – wenn ich ehrlich bin, dann auch für mich selbst, aber wenn ich so zurückblicke, muß ich sagen, irgend etwas hat mir immer gefehlt. Da tief drinnen in mir ist eine Leere, da ist etwas hohl, da sucht irgend etwas in mir immer nach mehr.
I: Das hört sich interessant an, was du da erzählst.
(Wendet sich W 3 zu:)
Ach, dich habe ich ja noch gar nicht gesehen. Du scheinst von irgend etwas umgetrieben zu sein.
Wartest du auch auf etwas?
W 3: Ja, ich warte auf Gerechtigkeit.
I: Ach, du gehörst wohl zu den ewigen Weltverbesserern!
W 3: Weißt du, wenn ich die Welt so anschaue, um mich her und in der Politik, da frage ich mich schon: Wo ist da eigentlich noch Gerechtigkeit? Ist sich nicht jeder selbst der Nächste? Schaut nicht jeder, daß er nicht zu kurz kommt, und das immer auf Kosten der anderen? Schau doch die Ungerechtigkeit in unserer Welt an: die Ausbeutung der Entwicklungsländer zugunsten unseres Wohlstandes, die Ausbeutung der Ausländer und Umsiedler in unserem Land, und die Schere zwischen Armut und Reichtum klafft immer weiter auseinander. Wo soll das nur noch hinführen?
I: Ja, das möchte ich auch gerne wissen.

W 3: Siehst du, darum warte ich auf Gerechtigkeit.

I: Gibt es denn Gerechtigkeit?

W 3: Ich warte auf sie.

I: *(Wendet sich W 4 und W 5 zu:)* Wartet ihr auch auf etwas?

W 4 u. W 5: Ja, wir warten auf Frieden.

I: Wißt ihr denn, was Frieden ist?

W 4: Im Moment weiß ich es nicht. Bei uns zu Hause gibt es jeden Tag Streit. Kein Tag vergeht ohne laute, lieblose Worte. Und wenn ich dann die Welt um mich her ansehe, sieht es auch nicht viel besser aus.

W 5: Bei den Nachbarn, in der Politik, in der ganzen Welt, überall Unfriede! Das macht mir Angst, wenn ich sehe, wie hoffnungslos die Lage in manchen Teilen der Welt aussieht. Nur ein Beispiel: In Israel scheint ja Friede geradezu aussichtslos, ja unmöglich zu sein, ein unlösbares Problem. Aber auch in anderen Ländern, wo verschiedene Rassen und Religionen aufeinanderprallen. Wie kann da noch Frieden werden?

I: Und dennoch wartest du auf Frieden?

W 5: Ja, ich warte auf ihn wie auf einen guten Freund.

I: Allmählich beginnen mich eure Fragen und euer Warten auch zu interessieren.

Evtl. Musikstück einspielen (Wachet auf ...)
4 Boten betreten den Raum

Bote 1: Er kommt! Macht euch bereit. Geht ihm entgegen.

W 1: Er kommt. *(Wendet sich W 2 zu, nimmt ihn am Arm)* Freude gewinnt in mir neuen Raum. Ich muß ihm entgegengehen. Kommst du mit?

W 2: *(zögert):* Ich weiß nicht recht. Ob er, der da kommt, das bringt, worauf ich warte? Kann er wohl meine innere Leere ausfüllen?

Bote 2: Er liebt uns sehr, daß er darunter leidet, wenn unser Leben ins Leere tritt. Darum hat er Leben in neuer Qualität und mit neuer Optimierung für uns bereit, ja Leben mit Sinn.

W 2: *(wendet sich W 1 zu:)* Ich gehe mit dir. Der, der da kommt, interessiert mich.

W 3: Bringt er, der da kommt, die Gerechtigkeit, auf die ich warte?

W 4: Und Frieden? Hat er auch Frieden bereit für uns?

W 5: Ja, nicht nur für uns, für die ganze Welt?

Bote 3: Sein Name ist Friedefürst.

Bote 4: Gerechtigkeit liebt er über alle Maßen, und er will allen Menschen Gerechtigkeit bringen.

Bote 3: Nichts ist ihm lieber, als endlich Frieden zu schaffen auf der ganzen Welt.

Bote 4: Er liebt nicht nur die Gerechtigkeit, er ist auch selbst gerecht.

Bote 1: Er will auch unsere Freude vollkommen machen.

W 2: Kommt, wir gehen ihm entgegen.

W 3: Schon so lange warten wir auf ihn.

W 1: Ich freue mich so sehr auf ihn.

W 4: Laßt uns gehen.

W 5: Ich bin ganz aufgeregt.

I: Halt, so wartet doch. Wohin geht ihr denn?

Bote 2: Sie gehen zu Christus, dem Herrn der Welt.

I: Darf ich mitgehen?

Lied:
Wachet auf, ruft uns die Stimme (GL 110, 1. und 2. Strophe)

Text:
Warten – ein adventliches Thema

Auf was warten wir eigentlich? Auf wen warten wir noch, wo doch der, den es zu erwarten gilt, der Immanuel, schon längst da ist, da war? Sind wir Christen solche, die auf einem Bahnhof warten, eigentlich wissend, daß der letzte Zug schon längst abgefahren ist und der, den wir erwarteten, gar nicht ausgestiegen ist? Oder haben wir den Erwarteten gar nicht bemerkt? Oder warten wir vielleicht gar nicht mehr und stehen nur noch unschlüssig auf dem Bahnsteig?
Warten ist ein Zustand, eine Haltung, ein Lebensstil. Wer wartet, schläft nicht; der ist gespannt, wach. Augen, Ohren, Herz und Verstand nehmen geschärft wahr, was geschieht. Wer wartet, ist offen für Situationen, hellhörig für alle Stimmungen und Schwankungen, ist bereit für Zukunft und alles, was sie mit sich bringt. Wer sich festgelegt hat in dem, was er erwartet, erwartet im Grunde nichts mehr; dessen Bilder werden entweder bestätigt oder enttäuscht. Wer wartet, läßt sich überraschen; ohne diese Überraschung gibt es auch keine Freude über den oder das Erwartete. Warten heißt, mit „offenen“ Bildern leben, alte Wege der Vergangenheit abbrechen, sich für neue Wege begeistern lassen, heißt, Leben „unterbrechen“.
Jesus, der Immanuel, der Gott-mit-uns, hat – damals – Wege von Menschen unterbrochen. Auf die bange, wartende Frage: „Meister, wo wohnst Du?“ antwortete Er: „Kommt und seht“. Und Er warf diese Neugierigen aus allen gewohnten Bahnen: Von ihren liebgewordenen Lebensgewohnheiten holte Er sie weg, dem Drinnen ihrer Wohnungen setzte Er das Draußen der Welt entgegen, Seine Solidarität zu den Menschen machte Er zum Wurzelboden ihres Handelns.

Warten im heutigen Advent bedeutet, sich ebenso unterbrechen zu lassen – und nicht darauf zu warten, daß es hoffentlich doch nicht ganz so schlimm kommt wie bei den ersten Jüngern. Warten im Advent heißt, die Alternative gegen die todbeladene Welt ernst nehmen und selbst zum Träger der Botschaft von Frieden und Gerechtigkeit werden. Warten im Advent heißt, ernst zu machen mit der Jesus-Nachfolge, indem wir die Solidarität jenes zu unserer eigenen machen – und das heißt dann auch, Abschied nehmen von so vielem Liebgewordenen in unserem Leben. Hier tut Unterbrechung not – und wir wissen das auch!
Solange Tod, Not und Elend unsere Welt beherrschen, solange Armut Menschen die Chance eines menschenwürdigen Lebens nimmt, solange Ungerechtigkeit den Frieden bedroht, solange ist diese weihnachtliche Botschaft von Gottes Frieden und Gerechtigkeit noch nicht an ihr Ende gekommen. Und dies wird sich auch nicht ändern, solange wir selbst uns nicht ändern lassen durch diesen Immanuel, solange wir selbst nicht diesen Frieden und diese Gerechtigkeit bei uns zum Tragen bringen – letztlich also uns selbst ändern, offen für das, was auf uns zukommt, glaubend, daß der Immanuel auch mit uns ist, gespannt, wartend. Insofern ist Warten der Boden, auf dem Christen immer stehen, keine Laune oder periphere vierwöchige Zeiterscheinung vor Weihnachten. Advent ist immer, solange Menschen auf Gottes Gerechtigkeit und Frieden warten.

Lied:
O komm, o komm, Emmanuel (GL 902, 1.-3. Strophe)

Text und Legende von Barbara:

Sprecher: Wir wollen nun unsere Adventsfeier überleiten zur heiligen Barbara, deren Namensfest wir heute feiern. Barbara, die große Heilige des Advents, die uns durch ihr Leben vieles gelehrt hat. Sie hat überzeugt den Glauben angenommen und als Wartende ihr ganzes Leben auf die Vollendung in Gott gehofft.
Wir hören nun die Legende von der heiligen Barbara:

Text: Die Legende erzählt, daß sie das einzige Kind eines reichen, heidnischen Kaufmanns gewesen sei, der das Christentum ebenso haßte, wie er seine Tochter fast abgöttisch liebte. Er wollte sie einmal einem ihr ebenbürtigen Mann zur Frau geben. Alles nur Erdenkbare unternahm er, um von ihr die Schattenseiten des Lebens fernzuhalten. Auf Schritt und Tritt ließ er sie bewachen, und wenn er geschäftlich verreisen mußte, sperrte er sie in einen Turm mit zwei Fenstern, den er eigens für seine Tochter hatte errichten lassen.

Alles nur, damit Barbara ja mit niemandem in Berührung käme, der sie irgendwie anders beeinflussen könnte, als er es sich vorstellte.

Die Gnade Gottes geht jedoch andere Wege, auch die dicksten Mauern vermag sie zu durchdringen. Denn als der Vater eines Tages von einer Geschäftsreise wieder zurückkam, fand er noch ein drittes Fenster in die Wand des Turmzimmers gebrochen und auf der Schwelle entdeckte er das ihm so verhaßte Kreuzzeichen. Darüber zur Rede gestellt, gestand Barbara freimütig, daß sie Kreuz und Fenster habe anbringen lassen, um sich stets an das Zeichen der Erlösung und an das Geheimnis der heiligen Dreifaltigkeit zu erinnern, denn sie sei inzwischen Christin geworden. Der Vater war ob dieses Geständnisses derart außer sich, daß er Barbara auf der Stelle töten wollte. Doch wie durch ein Wunder entging sie dem tödlichen Schwerthieb und floh in die Einsamkeit. Allein ein Hirte entdeckte sie dort und verriet ihrem Vater das Versteck. Dessen Enttäuschung und Erbitterung hatte sich inzwischen nicht gelegt. Durch das Bekenntnis seiner Tochter zu Christus sah er sein Ansehen geschmälert und er vermeinte, es nur dadurch wieder herstellen zu können, daß er sein eigenes Kind zur Anzeige brachte.

Barbara führte ihre Sache vor dem Richter so gut, daß er nichts wider sie vorzubringen wußte als die Martern grausamer Folterungen. Gott aber heilte ihre Wunden und neu gestärkt erschien sie zum zweiten Male vor dem Richterstuhl. Trotz abermaliger Peinigungen blieb Barbara standhaft. Schließlich erbat sich der entmenschte Vater vom Richter ausdrücklich die „Vergünstigung", seine Tochter mit eigener Hand hinrichten zu dürfen. Die Vergünstigung wurde ihm gewährt. Doch kaum, daß er den tödlichen Hieb geführt, so schließt die Legende, brach ein furchtbares Unwetter los und ein Blitzstrahl, der seinem Leben ein jähes Ende setzte, traf den Vater.

Lied:
Es kommt ein Schiff geladen (GL 114, 1.-3. Strophe)

Text:
Barbarazweig

Sprecher: Um das Leben der heiligen Barbara ranken noch viele andere Legenden. Sie ist Schutzpatronin so vieler Berufe, daß man sie gar nicht alle aufzählen kann. Durch die Nähe des Ruhrgebietes ist sie uns als Patronin der Bergleute am bekanntesten. Darum haben wir auch zwei Grubenlampen angezündet.

Auf Bildern wird sie als vornehmes Mädchen mit dreifenstrigem Turm oder mit Kelch und Hostie dargestellt. Eine Legende besagt, daß ein Engel ihr die hl. Kommunion in den Kerker gebracht hat.

Ein christlicher Brauch ist auch der Barbara-Zweig. Eine weitere Legende berichtet, daß sich ein Kirschzweig auf dem Weg ins Gefängnis in Barbaras Kleid verfing. Sie stellte ihn in einen Krug mit Wasser. Knospen trieben hervor. Eines Tages sprangen sie auf. Zarte rote Blüten sprossen mitten im Winter. Am gleichen Tag noch wurde Barbara vor ihren Henker geschleppt. An dem Tag, als man Barbara hinrichtete, stand der Kirschzweig in voller Blüte. Folgende Worte sind über Barbara dazu überliefert: „Du schienst wie tot. Aber du bist aufgeblüht zu schönerem Leben. So wird es auch mit meinem Leben sein. Ich werde zu neuem, ewigem Leben aufblühen!"

Wir hören nun das Gedicht „Am 4. Dezember" von Josef Guggenmos:

Gedicht:
Am 4. Dezember (Josef Guggenmos) *(Gemeinsam beten)*

Geh in den Garten am Barbaratag.
Gehe zum kahlen Kirschbaum und sag:

Kurz ist der Tag, grau ist die Zeit.
Der Winter beginnt, der Frühling ist weit.

Doch in drei Wochen, da wird es geschehen:
Wir feiern ein Fest, wie der Frühling so schön.

Baum, einen Zweig gib du mir von dir.
Ist der auch kahl, ich nehm in mit mir.

Und er wird blühen in seliger Pracht,
mitten im Winter in der Heiligen Nacht.

Fürbitten:
Bitten zur Entfaltung des Zweiges

Bei jeder Fürbitte werden blühende Blumen an den Kirschzweig gebunden, so daß er am Ende der Adventsfeier blüht.

Sprecher: Auch in unserer Mitte steht ein großer Kirschzweig. Ein Zweig, wie abgestorben und verdorrt.

Doch aus dem Verdorrten kann ein blühender Zweig werden. Aus dem Geringen etwas Prächtigen.
Aus dem Kleinen etwas Großes.

So sind wir hier beisammen, um unseren Zweig zur Entfaltung zu bringen, diesen dürren, abgestorbenen Zweig.

Uns allen sagt Jesus: Laßt die Hoffnung nicht verkümmern.
Wenn ihr das Reich Gottes gläubig annehmt,
wenn ihr euch an Mir orientiert,
wenn ihr eure Gedanken und Taten
Seinen Taten und Worten anzugleichen versucht,
dann beginnt auch euer Zweig zu grünen und zu blühen.

Laß das, was in uns abgestorben und verdorrt ist, neu in uns aufleben. So hoffen wir, daß unser Zweig zum Blühen kommt.

Alle oder Musik: O Erd schlag aus, schlag aus o Erd,
daß Berg und Tal grün alles werd.
O Erd hervor dies Blümlein bring,
o Heiland aus der Erden spring.

Sprecher: Laß uns dort unsere Fähigkeiten einsetzen, so wie sie gebraucht werden, damit unsere Welt neu wird und wir erneut bereit sind, Dich aufzunehmen. So hoffen wir, daß unser Zweig zum Blühen kommt.

Alle oder Musik: O Erd schlag aus, ...

Sprecher: Laß uns in diesen Tagen des Advents einander helfen, damit wir Dich erneut finden. So hoffen wir, daß unser Zweig zum Blühen kommt.

Alle oder Musik: O Erd schlag aus, ...

Sprecher: Wir Menschen warten auf Freude. Laß uns die wahre Freude suchen, die nur bei Dir ist. So hoffen wir, daß unser Zweig zum Blühen kommt.

Alle
oder Musik: O Erd schlag aus, ...

Sprecher: Wir Menschen warten auf Erfüllung, auf Sinn. Laß uns erkennen in dieser wirren Zeit, wo die Erfüllung unseres Lebens liegt. So hoffen w…

Wir Menschen warten auf Frieden u. Gerechtigkeit. Laß uns selbst versuchen, gerecht und friedlich zu sein. Laß Friede ansteckend werden, damit Haß und Kriege aufhören.

Alle
oder Musik: O…

Sprecher: W… …elbst versuchen, g… … Blühen kommt.

Alle
oder Musik: O…

Sprecher: W… … Friedlichkeit in diese Welt kommen und laß Friede anstekend werden, damit Haß und Zwiespalt aufhören. So hoffen wir, daß unser Zweig zum Blühen kommt.

Alle
oder Musik: O Erd schlag aus, ...

Sprecher: Gott, der uns Menschen liebt, auf dessen erneutes Kommen wir warten, will, daß wir alle unser Tun und unsere Möglichkeiten zum Blühen bringen. So soll dieser blühende Kirschzweig uns helfen, unseren eigenen Kirschzweig, den wir mit nach Hause nehmen, bis Weihnachten zum Blühen zu bringen, durch Wasser, Licht und Wärme, mehr noch durch unsere Taten.

Willst du Weihnachten feiern ... (Clemens Herbst)

Willst du Weihnachten feiern,
beginn dein Leben zu erneuern.
Entscheid, welcher Geist dich soll steuern,

Willst du Weihnachten erleben,
brauchst nicht im siebten Himmel schweben.
Fang nur an, Freude zu geben.

Willst du Weihnachten erfassen,
so hör' auf zu hassen.
Sei einfach gut und gelassen.

Willst du Weihnachten begreifen,
brauchst du nicht in die Ferne schweifen.
Schau, was will werden und reifen.

Willst du Weihnachten erfahren,
warte nicht auf Engelscharen.
Dein Engel ist bei dir seit Jahren.

Willst du Weihnachten verstehen,
mußt du mit den Kleinen gehen.
Du wirst dann neu das Leben sehen.

Willst du Weihnachten genießen,
versuch es nicht mit leckerem Süßen,
doch mit Sinnen und Herz, mit Händen und Füßen.

Lied:
Tauet, Himmel, den Gerechten (GL 901, 1. und 2. Strophe)

Text:
Die Essener Legende vom Barbarazweig (Wolfgang Schulze)

Einst lebte ein Bergmann an der Ruhr mit Namen Gottlieb Bäumer. Gottlieb war ein fleißiger Mann, der eifrig seine Stollen trieb und Tag für Tag viele Säcke mit Kohle ans Tageslicht brachte. Er war mit seinem Leben zufrieden und so oft er in die Kirche ging, betete er zu seinem Herrgott, den er liebte und von dem er wußte, daß er ihm sein Wohlergehen verdankte. Dies alles sah der Teufel mit schrägem Blick. Gar zu gern hätte er Gottlieb Bäumers Seele gehabt, doch es wollte ihm nicht glücken. Voll Mißmut und Ärger trabte der Teufel durchs Ruhrland.
Da, eines Tages geschah es, daß Gottlieb Bäumer im Berge auf taubes Gestein stieß. So fleißig er auch arbeitete, er fand kein einziges Stückchen Kohle mehr. Als der Teufel dies sah, wetzte er heimlich seine Krallen. Gottliebs Mißgeschick wollte er dazu nutzen, an seine Seele heranzukommen. Und so kleidete er seine höllischen Glieder eines Tages in ein einfaches Bergmannsgewand und näherte sich Gottlieb Bäumer als ein biederer Arbeitskamerad. Dieser empfing den Fremdling ohne Argwohn und klagte ihm seine schweren Sorgen, litt er doch schon mit Frau und Kind heftige Not. Soviel er auch betete, er fand keine Kohle mehr – und keine Koh-

le, das bedeutete für ihn: kein Brot. Da flüsterte ihm der listige Teufel zu: „Wenn Du mir Deine Seele gibst, dann soll Deine Not ein Ende haben. Du brauchst sie mir nur für sieben Jahre zu verschreiben. Niemand wird etwas davon erfahren. Bald wirst Du dann der reichste Mann an der Ruhr sein und du brauchst Dich niemals mehr zu schinden und zu plagen!“

Zuerst war Gottlieb Bäumer sehr erschrocken, als er das seltsame Angebot des Satans hörte. Doch der Teufel wußte so listenreich mit goldenen Worten von zukünftigem Reichtum zu erzählen, daß Gottliebs Widerstand bald schwächer wurde. Da zog auch schon der Teufel eine Feder aus seinem Hut, dann ritzte er dem Bergmann ein wenig den Arm, und mit den ersten Tropfen Blut wurde der Vertrag unterschrieben.

Der Teufel zögerte nicht, sein Versprechen einzulösen: schon am nächsten Tag griff er zur Hacke und räumte unverdrossen die Steine aus den Stollen fort. Das war ein Wühlen und Schürfen! In Windeseile flogen die Gesteinsbrocken zur Seite. Der Teufel brauchte nicht einmal ein Licht dazu. Seine glimmenden Augen erhellten das Dunkel im Berge. Und bald schon kam wieder die Kohle zum Vorschein. Tag und Nacht brach nun der Teufel das schwarze Gold aus dem Gestein, und Gottlieb Bäumer brachte fröhlich die von neuem gefüllten Säcke zutage. Ja, es gab so viel Kohle, daß Gottlieb allein nicht mehr mit der Arbeit fertig wurde; er mußte sich einen Knappen zu Hilfe nehmen. So wie die Kohle aus dem Berg strömte, so reich floß auch das Geld dem Gottlieb zu. In seinen Truhen und Schränken häuften sich Taler und Dukaten – aber es war Teufelsgeld! Trotz des vielen Geldes war es Gottlieb gar nicht wohl in seiner Haut, und so begann er, sein ungutes Gefühl mit Bier und Wein zu ertränken und lebte in Saus und Braus.

Doch in seinem Überfluß vergaß er die Armen nicht. Niemand verließ sein Haus, der sich nicht vorher satt gegessen hätte. Jedem Bettler gab er Taler mit vollen Händen, und wer Not litt und Geld brauchte, der mußte sich nur an Gottlieb Bäumer wenden.

So gingen also die Jahre ins Land. Kaum noch dachte Gottlieb an den Teufel. Ja, manchmal vergaß er sogar, wem er seinen ganzen Reichtum verdankte! Bis eines Tages der Satan vor ihm stand. Den unterschriebenen Vertrag hielt er in der Hand und lachte triumphierend: „Nun sind die sieben Jahre um. Du mußt mit mir zur Hölle kommen!“

Doch Gottlieb Bäumer war gewitzt. „Noch ist die Frist nicht abgelaufen, die ich mit meinem Blute unterschrieben habe“, entgegnete er. „Heute ist Barbaratag. Noch drei Wochen fehlen an der Zeit. Komm am Heiligen Abend wieder. Dann erst will ich mitkommen – so Gott es will.“

Diese Worte erbosten den Teufel sehr, und so riß er von einem Kirschbaum einige Zweige ab und warf sie Gottlieb hin mit den Worten: „Nimm diese dünnen Zweige hier. Wenn Gott Dir wirklich helfen will, dann läßt er sie, wenn ich wiederkomme, mitten im Winter blühen. Wenn dies geschieht, dann will ich ohne Deine Seele fortziehen.“

Verzweifelt und traurig, mit schweren und müden Gliedern, schlich Gottlieb nun nach Hause. Die Zweige trug er in der Hand, ohne Hoffnung, daß sich das Wunder jemals erfüllen würde. Plötzlich wurde es hell um ihn. Vor ihm stand eine wunderschöne junge Frau in einem weißen Leinenkleid. Es war die heilige Barbara, die Schutzpatronin der Ruhrbergleute. Vom Licht umflossen stand sie da – das ganze Ruhrtal erstrahlte in goldenem Schimmer.
„Du hast Dich mit dem Bösen eingelassen", sprach nun die Heilige zu Gottlieb, „groß und schwer ist Deine Schuld. Mond und Sterne können deswegen verblassen. Aber verliere die Hoffnung nicht. Du hast Dein schlechtes Tun schon lange bereut. Und weil Du außerdem viel Gutes getan hast, will ich Dir mit einem Rat helfen: gehe heim und stelle die Zweige in einen mit Wasser gefüllten Krug. Bald werden sich Blüten und Blätter im Überfluß zeigen."
Nachdem sie dies gesagt hatte, verschwand die heilige Barbara aus Gottliebs Blicken. Dieser tat, was die Erscheinung ihm geraten hatte, und tatsächlich, nach einiger Zeit sprossen aus den Zweigen herrliche Blüten und Blätter, obwohl es noch strenger Winter war.
Als nun der Heilige Abend gekommen war, fand sich der Satan pünktlich am vereinbarten Treffpunkt ein. Bald kam auch Gottlieb, der die blühenden Zweige mitgenommen hatte, sie aber noch unter seinem Mantel versteckt hielt.
„Nun ist die Frist endgültig abgelaufen. Komm mit mir!" Mit diesen Worten zog der Satan das blutunterzeichnete Pergament aus seinem Gewand.
Da ließ Gottlieb mit frohlockendem Lachen den Teufel die blühenden Zweige sehen.
Dieser stampfte voll Wut mit dem Pferdefuß auf, daß feurige Funken aufstoben. Er besah sich die blühenden Zweige von allen Seiten. Geifer floß aus seinem höllischen Mund. Zornentbrannt wollte er nach seinem Opfer greifen und seine Niederlage nicht eingestehen. Gottlieb verlor schon fast den Mut. Schon spürte er die krallige Faust in seinem Nacken, und in seinen Adern gefror das Blut.
Doch was war das? Horch! Ganz leise erklang die feine Stimme eines Glöckchens, und nach und nach stimmten alle Glocken in das Tönen und Singen ein. Bald erschallte das Ruhrtal vom mächtigen Weihnachtsgeläut. Da versiegte die Kraft des Teufels, und er verschwand in stinkendem Rauch. Zurück blieb nur das Vertragspergament; es hing unversehrt an einem Strauch.
Und so lebte Gottlieb noch viele Jahre. Der Teufel ließ ihn in Frieden. Doch alljährlich am Barbaratag stellte Gottlieb Kirschbaumzweige in einen Krug, die immer am Weihnachtstag Blüten und Blätter trieben.
Noch heute üben manche Bergleute im Ruhrgebiet diesen schönen Brauch zu Ehren ihrer Patronin, der heiligen Barbara.

Lied:
Macht hoch die Tür (GL 107, 1. und 5. Strophe)

Dat lierige Krippken von Senhorst

Et was in de Wiehnachtstiet. De Köster har de Kiäkendor wiet loss makt, üm en biettken to lüften un gonk dann för ne Stunn nao Hus.
In de Tüskentiet spielden en paar kleine Dähnkes von veer, fief Jaohr met Puppenwagen un Püppkes up'n Kiärkplatz. Se kammen auk dör de losse Kiärkendor in de Kiärk, üm sick dat Krippken to bekieken. Anniken wuell gäen en lück neiger an't Jesuskindken heran. Se krabbelde sick haug up't Moos, schmeet son paar Schäöpkes un Pottblomen üm, bes se dicht an't Krippken was. Da sööte leiwe Jesuskindken! Se buckede sick drüöwer, sagg't „Ah" un namm't metleedig innen Aarm. Ach, et was so kaolt un blaut! Se leit et nich mähr loss, kleide wier harunner, deckte dat Christkindken in öhren Puppenwagen, tutke waarm to un fohr dermet spazeeren.
Äs de Köster ne Tiet later de Kiärkendör wier tomook un in de Sakristi gonk, faoll sien Blick up't Krippken. De Spiege bleew öm weg! „Wat is dat? Maria un Josef kneit vör't lierige Krippken! Dat is doch allerlei! Nu stiähls us all dat Jesuskindken ut de Kripp!" He leip ganz upgeregt stracks herüöwer nao de Pastor. De beiden sochen dann die ganze Kiärk aff! Nix to finden! En wünnerlick Wiärk was dat! Et duerde nich lang, dao schellde „Glockenbecker" met de graute Stadtschell dör alle Straoten un gaff bekannt: „Krippenfigur aus der Kirche gestohlen. Nähere Angaben in der Pastorat oder bei der Polizei erbeten!"
Dat Puppenmöderken was wieldeß met't Christkindken bi Mama in de waarme Küek landet. Äs Anniken nu daobi was, öm en Kleed von öhre graute Pupp antotrecken, keek Mama von öhre Arbeit up. Se wuß doch nich, wat se saog! Se schluog de Hannen bineen un krischkede harr: „Meinee! Meinee! Kind noch to! Anniken! Wat is denn dat? Wat häs Du dann makt? Christkindken ut de Kiärk halt?" Se namm reselveert Anniken un Christkindken an de Hand un dann nix äs nao Pastor! Dao schuoot et doch all in't Lachen! Nee, an sonnen kleinen metleedigen Stiähldeif haren sölwst Pastor un Köster nich dacht!

Macht hoch die Tür

Macht hoch die Tür, die Tor macht weit,
es kommt der Herr der Herrlichkeit,
ein König aller Königreich,
ein Heiland aller Welt zugleich,
der Heil und Leben mit sich bringt;
derhalben jauchzt, mit Freuden singt.
Gelobet sei mein Gott,
mein Schöpfer reich an Rat.

Komm, o mein Heiland Jesu Christ,
meins Herzens Tür dir offen ist.
Ach zieh mit deiner Gnade ein,
dein Freundlichkeit auch uns erschein.
Dein Heilger Geist uns führ und leit
den Weg zur ewgen Seligkeit.
Dem Namen dein, o Herr,
sei ewig Preis und Ehr.

Text: Georg Weißel, vor 1623
Melodie: Halle 1704
„Gotteslob" Nr. 107, Str. 1 u. 5.

Der zweifelnde Josef. Fries am Ostquerhaus des Paderborner Doms

2. Adventsfeier

Thema:
Der heilige Joseph – Ein Mann der Tat

Verlauf der Adventsfeier

Lied:	Wir sagen euch an den lieben Advent (GL 115, Strophen nach Anzahl der zu zu entzündenden Kerzen)
Text:	Heiliger Joseph
Lied:	O komm, o komm, Emmanuel (GL 902, 1.-3. Strophe)
Text:	Lukas 1.26-28
Text:	Matthäus 1.18 f.
Lied:	Du, aus Davids Stamm geboren (GL 963, 1. und 2. Strophe)
Text:	Matthäus 1.20
Lied:	O Bräutigam der Himmelsbraut (1.-3. Strophe)
Text:	Lukas 1, 4-5
Text:	Lukas 1, 6, 7.16
Lied:	Tauet, Himmel, den Gerechten (GL 901, 1. und 2. Strophe)
Text:	Matthäus 2, 13 f.
Lied:	Als Herodes, zornentzündet (3.-6. Strophe) (Melodie von O Bräutigam der Himmelsbraut)
Gebete:	Gruß und Bitte Gebet Joseph, der Mann im Stall
Überleitung:	Zwiegespräch
Zwiegespräch:	Die Verkündigung
Text:	Die Hirtenlegende
Lied:	Macht hoch die Tür (GL 107, 1. und 5. Strophe)

Im anschließenden gemütlichen Teil wurde noch die plattdeutsche Geschichte „De Wilddeiw“ vorgelesen.

Vorbereitungen für die Adventsfeier:

Dia vom hl. Joseph
Diaprojektor
Leinwand

Lied:
Wir sagen euch an den lieben Advent (GL 115, Strophen nach Anzahl der zu entzündenden Kerzen)

Text:
Heiliger Joseph

Der Mensch kann nicht ohne den Menschen leben.

Auch Gott war in seiner Menschwerdung „angewiesen“ auf die Solidarität, das Mitwirken des Menschen.

Ein wichtiger Mitarbeiter dieses Heilsgeschehens, ein stiller, unscheinbarer Mensch, ist der heilige Joseph.

Nur an wenigen Stellen in der Hl. Schrift ist die Rede von ihm, und wir wollen uns in den nun folgenden Beiträgen diesen Stellen zuwenden und uns in Anschauung eines Lichtbildes Gedanken zu den Aussagen der Heiligen Schrift machen. *(Lichtbild zeigen)*

Es ist nur Weniges, was wir vom hl. Joseph wissen. Scheinbar hat er – einem Handwerksmanne gemäß – in aller Stille gelebt, ohne großes Aufsehen zu machen. Aber selbst in dem Wenigen, was wir wissen, zeigt sich die vollendete Gerechtigkeit vor Gott. Sein Leben gibt uns viele Hinweise, die uns als Maßstab dienen und uns auf den Weg der Gerechtigkeit führen und begleiten können.

Gott ließ dem hl. Joseph durch einen Boten, der ihm im Traum erschien, wissen, was er tun oder lassen sollte. Ist Gott nicht auch heute bereit, jedem von uns Botschaften und Hinweise zu übermitteln?

Ist nicht unser Gewissen das Ohr, durch welches wir hören können, was Er uns sagt und befiehlt?

Wir müssen es nur hören wollen, d. h. wir müssen unsere Gedanken Gott zuwenden und uns aufrichtig besinnen.

So wenig ein Knecht rechtschaffend ist, der den Willen seines Herrn nicht wissen und tun mag, so wenig ist der Mensch rechtschaffend, der sein Gewissen nicht fragt oder nicht danach handelt.

Lied:
O komm, o komm, Emmanuel (GL 902, 1.-3. Strophe)

Text:
Lukas 1.26-28

Sprecher 1: Im sechsten Monat wurde der Engel Gabriel von Gott in eine Stadt in Galiläa namens Nazareth zu einer Jungfrau gesandt. Sie war mit einem Mann namens Joseph verlobt, der aus dem Haus David stammte. Der Name der Jungfrau war Maria.

Sprecher 2: Hier lesen wir zum ersten Mal in der hl. Schrift vom hl. Joseph. Er wird uns beim Namen genannt, sein Familienstand bekannt gemacht und seine familiäre Herkunft mitgeteilt.

Es galt als besondere Ehre, aus dem Geschlecht Davids zu sein, denn David war einer der großen Könige des Volks Israel, und jeder Nachkomme rühmte sich dessen zu Recht. Darum trägt Joseph oft einen roten Mantel, weil er aus königlichem Geblüt stammt.

Zum Familienstand hören wir, sie waren verlobt. Das ist von der damaligen Zeit her gesehen so zu verstehen: Die Verlobung war damals der erste rechtsverbindliche Teil einer Heirat. Die Eltern des Mannes – oder eigens dazu beauftragte Mittler – warben für den Mann, der ein Mädchen begehrte, bei deren Eltern. Hatte die Werbung Erfolg, überreichte der Mann dem Mädchen ein Geschenk. Dadurch, daß diese das Geschenk annahm, war sie dem Mann „angeheiligt", d. h. mit ihm verlobt. Auf die Verlobung folgte dann – oft nach jahrelangem Warten, da sich viele Mädchen sehr jung verlobten – die sogenannte „Zu-sich-Erhebung" oder „Heimholung", d. h. die Aufnahme der Frau in die eheliche und häusliche Gemeinschaft.

Text:
Matthäus 1.18 f.

Sprecher 1: Noch bevor sie zusammengekommen waren, zeigt sich, daß sie ein Kind erwartete – durch das Wirken des Heiligen Geistes. Joseph, ihr Mann, der gerecht war und sie nicht bloßstellen wollte, beschloß, sich in aller Stille von ihr zu trennen.

Sprecher 2: Wenn wir hier hören, Joseph war gerecht, so darf man wohl feststellen, daß das Wort „gerecht" nur wenigen in der Hl. Schrift beigegeben ist. Von Noa hören wir, daß er gerettet wurde, „denn Noa war ein gerechter Mann".

Im Neuen Testament lesen wir noch, daß der Leichnam Jesu in ein nicht gebrauchtes Grab gelegt wurde, das dem Joseph von Arimathäa gehörte. Er war ein guter und gerechter Mann.
Und in der Apostelgeschichte hören wir vom Hauptmann Kornelius, er war ein gerechter und gottesfürchtiger Mann.
Wir sprechen von einem gerechten Menschen, wenn er gradlinig, gerade, richtig, passend und tauglich ist. Auch gehören die Begriffe „nach dem Rechten sehen" und „für Rechte sorgen" dazu.
Die deutsche Deutung des Namens Joseph hat mit dem Wort „der Mehrer" seine tiefste Bedeutung. Wer als Mehrer des Guten unterwegs ist, sorgt sich in passender Weise, gradlinig und maßgerecht um die Seinen.
Das Wort „gerecht" eröffnet uns als Schlüsselwort noch weitere Gedanken zur Person Josephs. Die Tugend der Gerechtigkeit zeigt sich in seiner ganzen Ausfaltung erst im Zusammenleben, im Sich-Öffnen oder im Teilen und Begrenzen, im Aufeinander-Zugehen oder Abkapseln ist die Tugend gefordert. Die Voraussetzung für ein rechtes Verhalten ist die richtige Erkenntnis der Dinge um uns herum. Wir wissen, die Voraussetzung der Gerechtigkeit ist die Sachlichkeit. Sie ist zusammen mit der Klugheit und dem Weisesein der Tugendboden des Menschen. Nicht ohne Grund wird die Unsachlichkeit oft zur Ungerechtigkeit.
Thomas von Aquin sagt: „Die höchste Tugend unter allen Tugenden ist die Gerechtigkeit". Es ist durchaus nicht verwunderlich, wenn nur wenigen Menschen das Wort – "gerecht" – beigegeben wird.
Noch ein weiteres Wort aus dem vorherausgegangenen Schriftwort wollen wir bedenken. Es heißt, Joseph wollte Maria nicht bloßstellen und beschloß, sich in aller Stille von ihr zu trennen.
Bloßstellen hat immer mit der Öffentlichkeit zu tun. Die Lächerlichkeit ist im Spiel. Dem Gerede wird Tür und Tor geöffnet und bis zum bitteren Ende kommen immer noch „Kamele" und fressen das gerade darüber gewachsene Gras wieder ab, womit die Stelle und damit der Mensch wiederum bloß dasteht. Keine Hülle ist ihm mehr gegeben, ganz nackt steht der Mensch da und ist allem schutzlos preisgegeben.
Joseph war in eine unmögliche Situation geraten. Er war verlobt mit einem Mädchen, das auf unerklärliche Weise schwanger geworden war. Sie war schwanger, noch ehe sie in das Haus Josephs gezogen war und sie ehelichen Kontakt hatten. Joseph überlegte, was er tun kann. Joseph war ein Gerechter, einer, der das Gesetz erfüllte, ohne das Gebot der Nächstenliebe aus den Augen zu verlieren, Wahrhaf-

tigkeit, Gesetzestreue und Liebe bestimmen die Erwägungen Josephs.
Aber wie konnte Joseph das Gesetz erfüllen, ohne die Liebe zu verletzen? Als Gerechter, der Gesetzestreue und Nächstenliebe in sich vereinigte, war für ihn das Gesetz eine Keule, mit der er Maria erschlagen konnte: er suchte, ohne das Gesetz zu umgehen, nach einem Weg der Liebe. Keulenschläge des Gesetzes hätten für Maria Zweierlei bedeutet: Anzeige und Scheidebrief.
Joseph hätte Maria verklagen und ihre Bestrafung fordern können. Die gesetzliche Strafe für die Untreue der Braut war die Steinigung. Der Scheidebrief war die öffentliche Entlassung der Frau aus der Ehe bzw. der Verlobten aus dem Eheversprechen. Eine Entlassene aber war damals eine lebenslang Gezeichnete. Ihre Ehre war für immer angetastet.
Zu keinem der beiden Wege konnte sich Joseph entscheiden. Joseph fand einen Ausweg. Er entschied sich für das heimliche Verlassen Mariens. Er stellt Maria weder vor Gericht, noch brachte er sie in Schande. Er entschloß sich, Maria in aller Stille zu verlassen. Damit nahm er selbst die Schuld auf sich. Bei der heimlichen Trennung treffen die härtesten Urteile nicht Maria, sondern Joseph. Alle, die es hören, werden es für hart und ungerecht halten, daß er sich schon jetzt von ihr scheidet, noch ehe er sie heimgeholt hat.
So ist der Entschluß Josephs ein Zeichen seiner persönlichen Größe und seiner Wohlerzogenheit.

Lied:
Du, aus Davids Stamm geboren (GL 963, 1. und 2. Strophe)

Text:
Matthäus 1.20

Sprecher 1: Während er noch darüber nachdachte, erschien ihm ein Engel des Herrn im Traum und sagte: Joseph, Sohn Davids, fürchte dich nicht, Maria als deine Frau zu dir zu nehmen, denn das Kind, das sie erwartet, ist vom Heiligen Geist.

Sprecher 2: Ein Engel erscheint dem Joseph, so lesen wir und wissen, wo ein Engel Gottes steht, ein Bote, da steht er in Vertretung Gottes da. Der Engel steht, um die Gegenwart Gottes an dieser Stelle sichtbar zu machen.

Hier dürfen wir von einer Verkündigungsstunde an Joseph sprechen. Das ganze Geschehen vollzieht sich im Traum. Wer im Traum etwas hört, empfängt oder wahrnimmt, und sich wach danach richtet oder sich daran hält, wird leicht mit dem Wort „Träumer“ belegt, und das bedeutet dann soviel wie weltfremd.

Der Traum Josephs unterscheidet sich von den Träumen, in denen Gott zu Heiden sprach. Gott gibt Joseph im Traum nicht nur einen Auftrag, sondern Gott erklärt Joseph das wunderbare Geschehen: Was in Maria gezeugt ist, ist aus dem Heiligen Geist. Er muß nicht Traumdeuter suchen.

Dazu kommt ein zweites Unterscheidungsmerkmal des Traumes Josephs von den Träumen der Heiden: Dem Joseph erscheint im Traum ein Bote Gottes. Wenn Gott in Träumen zu Heiden spricht, werden keine Engelerscheinungen erwähnt. Durch Engel spricht Gott im Traum zu Glaubenden. Im Traum zeigt der Gottesbote Joseph den Weg, den er gehen soll. Er spricht: „Nimm Maria, deine Verlobte, als Ehefrau zu dir.“ Mit diesen Worten wird Joseph als Vater eingesetzt. Joseph übernimmt dem Kind gegenüber die Pflichten eines Vaters. Durch die Annahme Jesu durch Joseph bekommt Jesus das Recht eines leiblichen Sohnes Josephs. Jesus ist hineingenommen in das Geschlecht Davids, wie es heißt: Sproß aus dem Hause Davids.

Joseph ist zum Mitwisser des großen Geheimnisses Gottes geworden, auf welches das ganze Volk Gottes wartete.

(Lichtbild zeigen) Sehen wir dazu das Dia an, oben links. Die Haare des Engels umflattern die beiden Menschen wie weißes Feuer – eine Feuerprobe. Ein Mann nimmt im Glauben eine schwangere Frau an, übernimmt den Schutz des ungeborenen Kindes und seiner Mutter wie ein Vater und Gatte.

Fürchte dich nicht, sagen Engel im Alten Testment eigentlich immer dann, wenn es sich tatsächlich um eine fürchterliche Situation handelt. Wären alle Männer dieser Erde so furchtlos, bedingungslos bereit, dem werdenden Leben und deren Trägerin Schutz und Geborgenheit zu bieten wie Joseph, müßte man sich keine Gesetze ausdenken, um die Tötung des kleinen Menschen in seinem frühesten Entwicklungsstadium zu verhindern.

Lied:
O Bräutigam der Himmelsbraut (1.-3. Strophe)

Text:
Lukas 1, 4 -5

Sprecher 1: In jenen Tagen ... da ging jeder in seine Stadt, um sich eintragen zu lassen. So zog auch Joseph von Nazareth in Galiläa hinauf nach Judäa in die Stadt Davids, die Bethlehem heißt. Er wollte sich eintragen lassen mit Maria, seiner Verlobten, die ein Kind erwartete.

Sprecher 2: Die Stadt Bethlehem ist das Ziel des gemeinsamen Weges. Es ist die Stadt Davids, und von ihr wissen wir aus der Bibel: ... und du, Bethlehem im Lande Judäa, bist keineswegs die Geringste unter den Fürstenstädten Judäas, denn aus dir wird der Messias hervorgehen."

(Lichtbild zeigen) Joseph mußte aufbrechen, gemeinsam mit Maria. Nur ein Esel, der mitträgt. Gerade dieses Grautier, das in unserem Sprachgebrauch ein Schimpfwort ist, das „dumme" und „blöde" beinhaltet, hat in Gottes Heilsgeschichte einen hohen Stellenwert. Joseph hat einen Stab. Er hält sich an „den", auf „den" er hofft: wie es im Psalm heißt: „Mein Stecken und Stab, sie geben mir Hoffnung."

Gemeinsam mit der Frau, zu deren Beschützer er im Traum geworden ist, sucht Joseph Herberge.

Text:
Lukas 1, 6, 7.16

Sprecher 1: „Als sie dort waren, kam für Maria die Zeit der Niederkunft und sie gebar ihren Sohn, sie wickelte ihn in Windeln und legte ihn in eine Krippe, weil in der Herberge kein Platz für sie war ..."

Die Hirten eilten hin und fanden Maria und Joseph und das Kind, das in einer Krippe lag ...

Sprecher 2: *(Lichtbild zeigen)* Die Geburt des Kindes in einem armseligen Stall! Das hätte sich Joseph nicht träumen lassen. Da in der Herberge kein Platz für sie war, muß Joseph die beste Gelegenheit ergreifen, die sich bietet, eine Futterkrippe. Gottes Sohn in Armut geboren. Auf dem Dia unten links sehen wir: darüber erstrahlt der Stern und die ganze Szene ist in ein warmes Rot der Liebe getaucht, umgeben von den schützenden Schwingen des Engels. Ganz klar schreibt der Evangelist, daß die Hirten Maria, Joseph und das Kind fanden, wie es ihnen der Engel verkündet hatte. Maria weiß um die Liebe, die

Tapferkeit und Treue Josephs. Auf dem Bild reicht sie ihm das Kind.
Bei aller Armut, die wir oft vom Stall in Bethlehem ausgemalt vor Augen gestellt bekommen, dürfen wir auch die Freude der beiden über die geglückte Geburt und für Joseph über das Bild der Mutter mit dem Kind nachfühlen.

Lied:
Tauet, Himmel, den Gerechten (GL 901, 1. und 2. Strophe)

Text:
Matthäus 2, 13 f.

Sprecher 1: „Es erschien dem Joseph im Traum ein Engel des Herrn und sagte: ‚Steh auf, nimm das Kind und seine Mutter und flieh nach Ägypten.' Da stand Joseph in der Nacht auf und floh mit dem Kind und dessen Mutter nach Ägypten."

Sprecher 2: Wieder hören wir von einem Traum, in dem ein Engel zu Joseph spricht. Joseph hört auf ihn. Hier bei Joseph stellen wir fest, daß er gehört hat und dieses Hören setzt einen guten Willen zum Hören voraus. Zur damaligen Zeit ist das die Grundvoraussetzung, um Nachrichten jeder Art und Glaubenswahrheiten im Besonderen aufnehmen zu können. Daher ist es ein Zeichen tiefer Gläubigkeit und Bezogenheit zu Gott, denn Joseph hört nicht nur, sondern folgt in der Tat sofort diesem Aufruf.
Joseph, der Gehorsame, steht vor uns. Gehorsam steht er wie Noa, der auf die Anweisung Gottes sofort daran geht, mit seinen Söhnen die Arche zu bauen, die die Menschheit vor dem Untergang rettet. Hier steht Joseph vor uns, gehorsam dem Anruf Gottes, getreu zur Mithilfe bereit, um der Menschheit den Retter und Erlöser zu schenken. Joseph, der Hörende, im Heilsplan des Herrn, der bereite Helfer Gottes.
Wie es mit Jesus weiterging, wissen wir aus der Hl. Schrift. Wie es mit seiner Mutter zu Ende ging, überliefert uns das Glaubensgut unserer Kirche. Aber was aus Joseph wurde, ohne dessen Einsatz und Gehorsam so alles nicht hätte geschehen können, wissen wir nicht. Nicht ein einziges Wort ist uns von ihm überliefert.
Ist das nicht seine Sprache?
Sein roter Mantel: aus königlichem Geblüt.

Ein Mann, der seinen Träumen traut.

Ein Mann, der Leben schützt.

Ein Mann, der seine Pläne von Gott durchkreuzen läßt. Ein Mann, der vom Schlafe aufsteht und handelt, der dem Stern seines Lebens folgt und seine Kraft nicht im Zerstören einsetzt sondern im Schützen und behutsamen Führen.

Maria ist gebenedeit unter den Frauen, und Joseph ist gewiß Vorbild und Hoffnung, „gebenedeit unter den Männern".

Lied:
Als Herodes, zornentzündet (3.-6. Strophe)

Gebet:
Gruß und Bitte

Gegrüßt seiest du, heiliger Joseph!

Gott hat dich mit Gnaden reich beschenkt. Auf deinen Armen durftest du den Heiland tragen, und unter deinen Augen wuchs er heran.

Du bist gepriesen unter allen Männern, und gepriesen ist Jesus, das göttliche Kind deiner jungfräulichen Lebensgefährtin.

Heiliger Joseph, den Gott erwählt hat zum Pflegevater Seines eingeborenen Sohnes, sei du allzeit unser Fürsprecher in unseren Sorgen um unsere Familien, um unser Wohlergehen und unsere Berufsarbeit. Stehe uns endlich auch gütig bei in der Stunde unseres Todes.

Amen.

Gebet

Guter Gott,

Du hast Joseph auserwählt zum Beschützer Deines Sohnes Jesus.

Du hast durch Deinen Engel zu Joseph gesprochen, und er hat dir geantwortet:

Joseph nahm das ungeborene Kind an und die Mutter Maria;

Joseph zog in den armseligen Stall ein und beschützte die Geburt Deines Sohnes Jesus;

Joseph nahm die Gefahren der Flucht auf sich und begleitete Maria und Jesus nach Ägypten und durch das Leben.

Auch uns schenkst Du solche Sternstunden, in denen Du zu uns sprichst.

Gib uns dann die Kraft, Dir zu antworten,
den Augenblick zu begreifen,
Deine helfende Hand zu ergreifen,
uns zu erheben und uns festzuhalten
an Dir, Gott.

Gebet:
Joseph, der Mann im Stall (Rolf Kreuzer)

Da liegst du nun hier, so wie Gott es gebot.
Ich höre Dein Atmen und spüre die Not,
in der wir alle drei jetzt sind.
Deine Mutter und ich und Du, Gottes Kind.

Ich kann euch ein wenig wärmen und schützen.
Doch was kann eines einzigen Menschen Schutz
letztlich nützen, wenn rundherum kein Schutz besteht
und ich selber nicht weiß, wie es weitergeht?

Warum gerade hier? Nicht in Nazaret?
Dort hatten wir für Dich Haus und Bett.
Wir hätten Dich freundlich willkommen geheißen.
Dann kam der Befehl und wir mußten reisen.
Warum gerade hier? So bettelarm?
Ein Stall und sonst nichts.
Wir halten Dich warm. Nur das können wir Dir geben.
So bettelarm beginnt Dein Leben.

In dem Stall nicht mal ein Licht.
Gäb' es den hellen Stern heute nicht,
wir spüren uns nur.
So schwarz ist die Nacht.
Gott, wohin hast Du uns gebracht?

Hört ihr die Schritte? Wer kommt da herein?
Dürfen wir hier überhaupt heute sein?
Räuber? Soldaten? Vielleicht Polizei?
Leise! Bleibt ruhig! Gott, steht Du uns bei!

Wer seid ihr? Was wollt ihr?
Habt Erbarmen!
Wir haben sonst nichts als das Kind in den Armen.

Ihr sagt, ihr seid arm wie wir?
Und ihr wollt ihm was geben?
Ihr sprecht von Gott und vom ewigen Leben?
Hirten seid ihr? Von Gott geschickt?
Von Gottes Engel? Stimmt das? Ihr nickt.

Ja, das ist das Kind in all seiner Not.
Da liegt es vor euch! Und ihr bringt Brot
und warme Decken und Milch und Licht mit guten Worten.

Und meine Sorgen um morgen sind plötzlich
so klein geworden. Heut sind wir geborgen!
Und morgen wird Gott weitersorgen.

Überleitung zum Zwiegespräch

Vieles ist uns heute zum hl. Joseph gesagt worden, zu seiner Person und zu seinem Leben. Joseph, der hört, was der Engel ihm sagt. Viele Künstler haben den hl. Joseph mit einer übergroßen Ohrmuschel dargestellt, als Zeichen seiner Hörbereitschaft. Und Joseph befolgt, was der Engel ihm sagt. So können wir vom hl. Joseph lernen, nämlich Hören und Folgen.
Das folgende Zwiegespräch zwischen Gott und dem Engel dürfte uns aufhorchen lassen.

Zwiegespräch: Die Verkündigung (Gudrun Pausewang)

Die Stimme des Herren
Der Engel

Stimme: Engel, ich rufe dich.
Engel: Hier bin ich, Herr!
Stimme: Die Geburt Meines Sohnes jährt sich wieder. Mache dich auf zu den Menschen und verkündige ihnen Meine Frohe Botschaft, so wie damals. Soll Ich sie dir wiederholen?
Engel: *(traurig)* Nein, Herr, ich kann sie auswendig. Ich habe sie ja fast zweitausend Jahre lang verkündigt.
Stimme: Die Menschen werden dich sehnsüchtig erwarten, Engel. Der Winter liegt vor ihnen, die Dunkelheit nimmt zu. Sie erwarten ein Licht. Also eile!

Engel: *(senkt den Kopf)* Ach Herr.

Stimme: Warum zögerst du?

Engel: Herr, ich bitte Dich, mich von diesem Auftrag zu entbinden.

Stimme: Was kommt dich an, Engel?

Engel: *(kniet nieder, verzweifelt)* O Herr!

Stimme: Sprich.

Engel: Die Menschen wollen Deine Frohe Botschaft nicht hören.

Stimme: ---

Engel: Hörst Du, Herr? Sie wollen Deine wunderbare, Deine leuchtende Botschaft nicht hören!

Stimme: ---

Engel: *(matt)* Herr, Dein Schweigen – wie soll ich es deuten? Sie wollen andere Botschaften hören.

Stimme: Andere Botschaften? Wie sollen sie lauten?

Engel: Kaum sage ich: „Fürchtet euch nicht!“, antworten sie mir: Wir sollen uns nicht fürchten? Was hat Der, der dich gesandt hat, denn anzubieten, um uns die Angst zu nehmen? Wird Er uns die sterbenden Wälder wieder dicht und grün machen? Wird Er die Flüsse und Meere säubern, das Grundwasser heben, die Ozonlöcher rund um unseren Planeten schließen? Wird Er verhindern, daß die Polkappen schmelzen? Wird er unsere Körper immun machen gegen Aids? Wird Er bewirken, daß die Atomkraftwerke dicht bleiben? Daß kein wahnsinniger Politiker einen Atomkrieg auslöst? Und noch viel mehr rufen sie mir zu!

Stimme: *(ruhig)* Was für eine Unruhe.

Engel: Du sagst es, Herr. Sie fühlen sich ungeborgen. Verheißungen genügen ihnen nicht. Sie wollen Garantien von Dir.

Stimme: Sie haben verursacht, was sie beklagen. Aber sie können die Gefahren selber bannen, wenn sie nur wollten.

Engel: Ihr Geschrei wird noch lauter, wenn ich „Friede auf Erden!“ sage. Dann würden sie am liebsten alle über mich herfallen. Und sie äffen mich nach und höhnen: Friede auf Erden? Wie denn? Gott hat uns so gemacht, wie wir sind. Nämlich kriegerisch. Komm und verkündige uns, daß Er uns Menschen umprogrammieren will, so, daß wir uns nicht gegenseitig zerfleischen!

Stimme: Was hast du ihnen darauf geantwortet?

Engel: Ich blieb stumm.

Stimme: Wie nahmen sie dein Schweigen auf!

Engel: Sie wandten sich von mir ab.

Stimme: Ich brauche sie nicht umzuprogrammieren. Die Fähigkeit, für unmöglich Gehaltenes möglich zu machen, habe Ich ihnen mitgegeben. Sie sind in der Lage, sich Utopien zu nähern, wenn sie nur genug Willen aufbringen – und bereit sind, auf Komfort und Bequemlichkeit zu verzichten.

Engel: Ja, Herr. Den Nächsten zu lieben, ist unbequem und vermindert den eigenen Besitz.

Stimme: Fahre fort mit deinem Bericht, Engel.

Engel: Auch wenn sie sich von mir abwenden, spreche ich weiter. Aber sie horchen erst wieder auf, wenn ich sage: „Ich verkündige euch große Freude“. Da beginnen ihre Augen zu funkeln, und sie fragen aufgeregt: Werden die Autos billiger? Sinken die Benzin- und Heizölpreise? Willst du uns auf ein günstiges Sonderangebot aufmerksam machen? Oder verkündigst du sogar jedem von uns eine Yacht und eine Villa am Meer gratis?

Stimme: Sie tun mir leid.

Engel: Wenn ich ihnen dann sage: „Euch ist heute der Heiland geboren“, dann winken sie ab und laufen weiter, ins Kaufhaus, in den Supermarkt, auf die Bank.

Stimme: Bist du ihnen nachgegangen?

Engel: Nein, Herr. Sie liefen so schnell und so gierig. Hätte ich mit ihnen Schritt gehalten, hätte ich meine Würde verloren.

Stimme: Berichte weiter, Engel.

Engel: Abends, wenn sie müde heimkommen, wiederhole ich die Verkündigung. Aber dann sitzen sie vor dem Fernseher und wollen nicht gestört werden, Herr. Oder sie lassen sich in der Disco von Musik umdröhnen. Oder sie haben die Stöpsel ihres Walkmans in den Ohren. Oder sie sind ganz und gar mit Essen und Trinken beschäftigt, so daß sie nichts anderes wahrnehmen als ihren Genuß.

Stimme: Und die Kinder? Haben nicht wenigstens sie der Botschaft atemlos gelauscht?

Engel: *(senkt den Kopf)* ---

Stimme: Du weinst, Engel?

Engel: Herr, für die Kinder hat das Weihnachtsfest nichts mehr mit Deiner Botschaft zu tun!

Stimme: Was meinst du damit?

Engel: Die Erwachsenen haben ihnen die Sehnsüchte abgewöhnt. Die Kinder brauchen sich nicht mehr zu sehnen, denn sie bekommen alles. Nicht einmal, wenn ich ihnen eine Puppe oder einen Teddybär verheiße, würden sie mir zuhören. Denn sie besitzen schon mehrere Puppen und Teddybären.

Stimme: Sie tun mir leid.

Engel: Sie wurden für das Haben erzogen, nicht für das Sein. Sie haben gelernt, daß nur Wert hat, was Geld kostet. Aber mit dem Haben hat Deine Botschaft nichts zu tun, Herr.

Stimme: So ist es.

Engel: Du bist das Sein, Herr. Du bist der andere Pol.

Stimme: Ich ändere mich nicht. Ich bleibe, der Ich bin.

Engel: Und auch Deine Frohe Botschaft wird immer die gleiche bleiben.

Stimme: Du sagst es. Also ziehe in Frieden und verkündige sie, wie ich dich geheißen habe.

Engel: *(seufzt)* O Herr.

Stimme: Auch wenn dir niemand zuhört.

Engel: Diese Aufgabe ist so schwer, Herr: Den Menschen, die sich in eine elende Lage gebracht haben und nun nicht mehr aus noch ein wissen, eine Botschaft zu überbringen, aus der sie keine Hilfe mehr herauslesen können. Deshalb bitte ich Dich, Herr, ihnen einen Rat geben zu dürfen, damit sie wieder Boden unter die Füße bekommen und ein Ziel vor Augen sehen.

Stimme: ---

Engel: Versteh mich nicht falsch, Herr: Ich will Deine Frohe Botschaft nicht korrigieren, auch nicht erweitern. Ich möchte meinen Rat ganz leise sprechen, mit meiner Stimme, nicht mit deiner. Ich werde deine Botschaft verkünden wie immer. Und nach einer kurzen Stille, danach, möchte ich ihnen einen Rat sagen, als kleine Anmerkung. Zwei Worte nur, Herr!

Stimme: Ich weiß, was du ihnen sagen willst. Sag es!

Engel: *(verbeugt sich tief in Richtung der Stimme, verharrt eine Weile in dieser Stellung, richtet sich dann auf und wendet sich der Gemeinde zu. Mit ausgebreiteten Armen und lauter Stimme spricht er:)*

„Fürchtet euch nicht! – Siehe, ich verkündige euch große Freude, die allem Volk widerfahren wird.

Denn euch ist heute der Heiland geboren, welcher ist Christus, der Herr, in der Stadt Davids.

Und das habt zum Zeichen: Ihr werdet finden das Kind in Windeln gewickelt und in einer Krippe liegen.

(noch lauter)

Ehre sei Gott in der Höhe und Friede auf Erden und den Menschen ein Wohlgefallen."

(kurze Pause, dann leise)

Ändert euch!

Text:
Die Hirtenlegende

Das neugeborene Jesuskindlein zitterte im Stall vor Kälte, und die Mutter Maria hatte selbst keine warmen Hände und steckte die Finger in ihr Brusttuch. Da nahm Vater Joseph geschwind seinen Kapuzenmantel um und lief hinaus, um ein wärmendes Feuer zu holen. Vielleicht finde ich bei den Hirten draußen auf dem Feld ein Feuer, dachte er bei sich. Und richtig – dort leuchtete ihm aus der Nacht ein Haufen rotlodernder Glut entgegen.

Drei Hirten saßen inmitten ihrer Herde um das Lagerfeuer und würfelten die Nachtwache aus. Ein Hund hatte acht auf seine Schäflein, kein lebendiges Wesen ließ er in die Nähe der Hürden kommen. Aber als der heilige Joseph an das Gehege trat und das Gatter öffnete, knurrte und bellte der Hund nicht, sondern wedelte zum Willkommen mit dem Schweif. Die Schäfer waren nicht wenig verblüfft, und einer rief Joseph schon von weitem die Frage entgegen, was ihn zu ihnen führe.

„Gebt mit ein bißchen Feuer ab. Uns ist soeben ein Kindlein geboren, und es friert in der bitteren Winterskälte."

„Wenn's weiter nichts ist als ein Flämmchen Feuer", meinte der Oberhirte, „dann nur immer zugegriffen!" „Aber he, Alter!" sagte ein anderer. „Worin willst du denn die Glut nach Hause tragen? Worein soll man sie dir tun?"

Sankt Joseph zog seine Kapuze ab, drehte den Zipfel wie eine Tüte zusammen und sagte: „Da hinein!"

Da lachten die drei, daß es klang, als wenn Tontöpfe zersprungen wären, und meinten, mit einem solchen Gefäß käme er wohl nicht sehr weit. Das würde ja sofort lichterloh brennen.

„Das ist meine Sorge", erwiderte der Heilige, „gebt mir nur rasch ein Feuerchen!" Und die Hirten holten Glut und brennendes Holz von ihrem Feuerhaufen und schütteten das Feuer in die aufgehobene Kapuze, als wenn es Erdäpfel wären.

Und als Joseph wieder ging, da schauten ihm die Hirten verwundert nach, denn die Glut blieb wohlverwahrt in der Kapuze. Auf einmal trat ein Engel zu den Hirten, und sie vernahmen seine Stimme: „Eilt nun und lauft zu dem Stall, in dem euer Feuerlein schon brennt. Dort findet ihr in der Futterkrippe auf bloßem Stroh ein neugeborenes Kind, und seine Mutter und sein Vater sind dabei. Betet das Kindlein an, denn es ist Gottes Sohn, betet und jubelt: Halleluja!" Und plötzlich verschwand der Engel, und über dem Stall erglänzte ein heller Stern.

Da machten sich die Hirten eilig auf den Weg und schauten im Laufen in ihre Hirtensäcke, ob sie dem himmlischen Kind nicht eine Gabe zu bringen hätten. Als sie in den Stall kamen, fanden sie alles, wie es der Engel verkündet hatte, und der heilige Joseph kniete bei der Krippe und blies in das Feuerchen, das er in der Kapuze geholt hatte.

Lied:
Macht hoch die Tür (GL 107, 1. und 5. Strophe)

De Wilddeiw (Anton Aulke)

Jede Mönsterlänner kennt de Davert, dat graute Buskwiärks tüsken Ammesbüren un Rinkeroh, tüsken Senden und Askebiärg. Auk vandag steiht in düsse Giegend nao mannigen schönen Baum, aowwer vör hunnert aorre hunnertfüftig Jaohr har sick de Mensk dao nao längst nich so breet makt äs nu met Hüs' un Gäörens, met Kämp un Vehweiden und Höhnerfarmen – un met Straoten, üöwer wecke de Autos henflitzt – nao viel flinker äs de Swalwen, we hütigen Dages auk ümmer seltener wärd, de gueden Husgeister. De Haugwaold was iäben to de Tied nao ganß un gar Här un Mester in de Dawert, de schöne, gröne Waold met Böcken un Biärken, met Äsken un Füchten un met Eeken, we mankst drei aorre veer Mann nich ümpacken konnen. Un dat Unnerholt was daomaols nao nich so schön akraot un ratzekahl utruodt, äs et vandag in mannigen Busk de Fall is. Dao wössen nao Papenhötkes, Büssenholt, Nuettstrük, Hülskrabben un Eilauf – nao de Gedanken. Un Wild gaff et dao, dat et för jeden Jäger un Fürster en bannig Plaseer sien moß, her up de Jagd te gaohn. Wat iähr vör de Flint kamm, dat wäören nich bloß Hasen un Reh un Kaninkes un Voß un Griewel un Luchs, nee auk Wildswien un Hirske un de lubietsken dicken wilden Katten dreeben sick in de mielenwieten Büsk nao harüm un mössen dran glaiben, wenn de Mensk de Büß üpbörde. Un de Düörpkes un Burenhüöwe bi un in de Dawert hären sick faken an den Waold so naig heranschuoben aorre sick so drin tomummelt, dat he iähr met siene grönen Töger un Böger baoll in Küek un Stuoben harinkamm.

Wat Wunner, dat de Lüh, we dao wuehnden, mankst den Püster vn de Wand naihmen un sick en Hasen aorre en Rehbuck schüötten, wenn se't auk eegentlik nich dröffen. Dat Gewietten slog iähr nich daovon, denn se wäören de Meinung, de leiwe Härguod här dat Wild, wat jä frie harümlaip un, äs iähr ducht, kinneen tohaorde, nich bloß för de Kabbeleeren, de grauten Buren un de Fürsters erschaffen – un vör't Bichten hären se in düssen Fall kinne graute Angst, denn et gaff daomaols Pastöre, de dat Wilddeiben nich äs Sünn ansäögen. Aowwer wenn auk de Wildeiwerie an sick kinn Vörbriäken west wäör, ne Sünn was se doch, un swaorens ne Sünn giegen de naichsten Angehörigen: denn de mehrsten Fraulüh swee'ten, wenn de Mannslüh de Flint kreegen, Blot vör Angst, und dat met Rächt. Denn de Fürster wäören in fröhere Tieden jüst so vörbost up de Wildeiw äs vandag, un wenn düsse met de Grönen anangeraodden, dann gaff et nich selten Mord un Dautslagg.

Nu wuehnde daomals dicht bi en Düörpken, wat midden in de Dawert lagg, an'n Rand van den Busk en Bur, we bloß en kleinen Hoff un kinne eegene Jagd har. Män he konn doch ganß gued färrig wärden, har för sick un siene Lüh satt te iätten un här dat Wildeiben eegentlick gar nich neidig hat. Aowwer he häörde to dejenni-

gen, we eenfack wilddeiben mössen un gar nich anners können. De Wilddeiwerie was em tor twedden Natur wuorden; he foll sick krank, wenn he äs längere Tied nich mit dat Gewehr in'n Busk west was. Un daobi was he kinnen Wildmörder; he schuott „weidgerecht“, schuott auk nich viel, aowwer scheiten moß he mankst, süß was he nich in sien rächte Vörfatt. Vörkaupen daih he kinn Stück. Wat he nich met siene Famillig sölwst upiätten konn, gaff he an sienen naichsten Naohber aff.
Et was de veeruntwintigste Dezember. Jandierk har all den ganßen Dagg so'ne Unruh in'n Liew. Et dreef em harut in den Busk – aowwer he wull nich. Vandag, den Dagg vör Wiehnachten, wull he nich. He wuß, dat siene Frau ümmer so betuckt was, wenn he nao dat Gewehr greep, un he har siene getrüe Lina leiw, wenn he't iähr auk nich faken sagg. Nee, vandag will he iähr dat nich andohen. So holl he sick tapfer un de beiden Ehlüh göngen, äs de graute Wandklock in de Küek niegen slog, nao'n Bedde, äs se dat gewuehnt wäören. Ne Wiehnachtsbescheerung an'n hilligen Aobend gaff et daomols nao nich up'n Lann' – un auk nao kinnen Wiehnachtsbaum. De Kinner kreegen wat van'n Sünte Klaos. Män Jandierk konn nich slaopen, dat Jagdfeeber gorde im in't Blot, he beet de Tiänn upennanner un stemmde sick giegen den Twang met alle Kraft – man sien Lusten was stärker, he moß naogieben. Tiegen elwen gleet he ganß sinnig ut't Bedde, he wull siene Frau nich wecken un dacht, wenn se släöpp, miärkt se jä nicks, un in twee aorre drei Stunn sin ick der wier – aowwer Lina wuor doch wach, un äs se iähren Mann nich mähr niäben sick foll un haor, dat he sick antrock, dao wuß se faots Bescheid.
„Jandierk“, flisterde se – dat siebenjäöhrige Däöchterken, iähr enßigste Kind, slaip auk in de ellerlicke Sloapkammer -"Jandierk, wuß du wägg? Aoch, bliew doch hier vannacht, muon is jä Wiehnachten!" „Nee, Frau“, sagg de Bur, „ick mott harut in den Busk, ick haoll't nich ut in'n Bedde, ick mott wat scheiten, un wenn't auk män en Kaninken is.“
„Aoch, Mann“, biädelde Lina, „bliew doch in Hus'! Denk äs, wenn die de Fürster kreeg! Eemoal het de di all in't Lock bracht, un wenn I beiden annannergeräödden – du büs so vörbost up em, un he trut di ümmer nao nich – wenn wat passeerde – jüst in de hillige Nacht -“ Iähr kaimen de Träönen, se konn nich wiederküren, aowwer se grawwelde in'n Düstern nao siene Hand. Män he mok sick sacht van iähr laos. „Sie män ganß rühg“, flisterde he, „mi passeert nicks, de Fürster is gewiß vannacht nich in'n Busk“, un daomet will he sick ut de Kammer harutstiählen. Män äs he an dat Beddken van siene Daochter vörbikamm, wat niäben de Dör stonn, hoar he up eemoal iähr Stimmken. Dat Kind kürde in'n Draum. He stoon still un lusterde, un dann haor ge ganß dütlick: „Es ging aber auch Joseph aus der Stadt Nazareth nach Judäa, zur Stadt Davids, die Bethlehem heißt, auf daß er sich aufzeichnen ließe mit Maria, seinem vermählten Weibe ...“ Dann wuor dat Stimmken undütlik un sweeg wanners. Jandierk foll sien Hiärt slaohen. „Dat het se sieker düsse Dag' in de Schol' lährt“, dacht he un töggelde. Män dann gaff he sick en Ruck, sleek sick ut de Kammer, namm in de Küek dat Gewehr un dat Holster von de Wand, mok sinnig de Husdör laos un gong in den Busk harin.

Män wunnerlick: äs Jandierk de Dör achter sick totrocken har, wuor dat Kind wach un fraogg: „Moder, wao is Vader?“ Un Lina söchtede: „Aoch, mien Hiärtken, he is wier up Jagd. Foll diene Händkes un biä för em!“
Dao biädte dat Kind half in'n Slaop met sien söte Stimmken: „Gegrüßet seist du, Maria, voll der Gnade, Mutter Gottes, bitte für uns arme Sünder – un help mienen leiwen Vader!“ Dat leßte murmelde se al half in'n Draum, un dann slaip se wier in. De Moder aowwer dacht: „Waorüm biädt se nich erst dat Vaderunser, äs se dat gewuehnt is?“ Dann drückte Lina dat Gesicht in de Küssens un äöhmde deip, äs wenn iähr ne swaore Last up de Buost lägg.
Et har all en paar Dag sniet, de Snee lagg week un dicht up de Är, un de Baim un Strük bäöggen sick unner de witte Last. Jandierk kannde sien Jagdrevier, he keek met scharpe Jägeraugen üm sick, aowwer he saog kinn Wild, kinnen Hasen, kinn Reh, kinnen Voß un kinn Wildswien, nicks, he saog in den Snee nich äs Fuorspeln. Un et har doch all vör en paar Stunn uphäört te snieen un was auk gar nich düster. Swaorens hung de Hiemel vuller Wolken, aowwer de Maon stonn daorachter, un so lagg en ungewiß Lecht in den Busk, äs wenn't in't Schummern wäör. Tom Donner, wao bleef dann dat Wild? Jandierk kannde doch jeden Wessel, he kannde auk de Liägers van de Diers. Se mössen em doch häören un seihen un ruken un mössen dann upspringen, un dann konn he de Büß haugrieten – en Schüett – un alls was vörbi, he har sien Lusten bott un konn nao Hus gaohn – nao Frau un Kind.
Jau, nao sien Kind! Waorüm moß he ümmer bloß an sien Kind denken, wat so unschüllig in sien Beddken lagg, waorüm bloß? An de Jagd wull he denken, an dat Wild, wat he scheiten moß, un an den Fürster, we em nich kriegen droff. Dao up eemoal – dat Hiärt bleef em staohen – wat reggde sick dao gienen in de Sneis' tüsken de haugen Füchten? Was dat en Dier! En Hirsk villicht? He reet de Büß haug – un lait se wier sinken – un reet se wier haug: dat was kinn Dier – dat was jä en Mensk, we em den Rüggen todreihde. Was dat de Fürster? Faster krampte sick siene Fust üm den Flintenhals – nee, de Fürster was et nich, dat wäören – jüst trat de Maon ut de Wolken – dat wäören twee Mensken, we langsam dör den haugen Snee göngen, en Mann un ne Frau. Jandierk lait dat Gewehr wier sinken un äöhmde up. We wäören dat? Wao kaimen de heer? Wat wullen de hier? Wiären dat villicht de Küötter Sanners un sien Wief, we nich wiet von sienen Hoff wuehnden un mankst in den Busk göngen un saore Böger söchten, dat se wat te briännen hären? Nee, de können et doch nich sien, de hären doch ne Schuffkaor bi sick aorre ne Drächt Holt up'n Puckel – un waorüm söllen de auk jüst in de hillige Nacht hier in den Busk kuemen? – Up eenmaol miärkte Jandierk dat he nich mähr stillstonn, nee, et trock em achter de beiden heer, he sett'te een Been vör dat annere, aohne dat he et eegentlick wull.
Un nu saog he auk, dat de Frau swoar un langsam un vörsichtig gong, äs wenn es wat Kostbaors te driägen här. Un de Mann, we wull en Kopp gräötter was, stütt'te se un keek mankst up se harunner, äs wenn he Suorg üm se här. Un Jandierk gaff sick wier en ruck un dacht: „Wat laop ick achter de beiden heer? Ick mott doch en

Hasen scheiten aorre en Rehbuck, dat ick wier nao Hus kuem – nao mien Kind -" – waorüm dacht he ümmer bloß an sien Kind? Un he wull sick ümdreiehn, män wunnerlick, he konn et nich, hemoß Fot vör Fot setten un achter de beiden hergaohn. Un dann saog he auk up eemoal Wild: dao satt en Hasen in'n Snee un mok en Männken, un en Reh aigde ut de Dickung, un en Voß glurde vörsichtig ut sienen Bau harut. Aowwer Jandierk börde de Büß nich mähr haug, he gong, aohne dat he rächt wuß, wat he daih, bloß ümmer achter de beiden Mensken her, we still unsacht dör en sneebehangenen Waold wannerden, so still un sacht un sieker, äs wenn se genau den Wägg wüssen, wecken se niehmen mössen. Un daobi dacht he wier an sien Kind, un et wuor em so hell un froh in de Buost, un et föllen em all de unschülligen Freiden in, we he in sien Liäben hat har. He dacht an sien kindlicke Spiel up sienen ellerlicken Hoff, äs Vader un Moder nao liäwden, an sienen ersten Kommuniondagg, an den Stunn, wao he Lina fraoggt har, aof se em leiw här, an de Geburt van sien enßige Kind, an dat erste Lachen van sien leiwe Wichtken – un so gong he ümmer achter de beiden her – stunnenlang, dagelang? He wuß et nich, he har jeden Sinn för de Tied vörloren. He wuß auk nich mähr, wao he was, un he kannde sick doch süß in sien Jagdrevier ut äs in siene eegene Task. Män dann daih sick up eemaol de sülwerwitte Busk utenanner – de beiden Mensken vör em wäören vörswunnen – un he stonn vör de Kiärk van sien Düörpken, un de scheen met helle Fenster in de Winternacht, un dat Üörgel bruste, un in de Kiärk süngen se froh un fierlik: „Ein Kindelein so löbelich ist uns geboren heute" Dao foll et em äs Schuppen van de Augen: dat was de Ucht, die Wiehnachtsucht, un he wuß nu auk, we de beiden Mensken west wäören, we im den Wägg ut den Busk nao de Kiärk wiest hären, un we se ropen har. Met biewerige Hand liehnde he sien Gewehr an de Kiärkenwand, mok de Dör laoß un gong harin. Un dann saog he tüsken all de anneren Lüh siene getrüe Lina, un niäben iähr kneide sien Kind un keek met graute Augen nao de Kripp. Dao sunk auk he – in de leste Bank – in de Knei.

Verkündigung an die Hirten. Aus dem Perikopenbuch Heinrichs II. in München

3. Adventsfeier

Thema:
Mit den Hirten wollen wir gehen

Verlauf der Adventsfeier

Lied:	Wir sagen euch an den lieben Advent (GL 115, Strophen nach Anzahl der zu entzündenden Kerzen)
Text:	Wer nach Bethlehem gehen will ...
Gedicht:	Licht umleuchtet Hirt und Herden
Lied:	Komm, Du Heiland aller Welt (GL 108, 1., 3. und 4. Strophe)
Text:	Mit den Hirten will ich gehen
Lied:	Gott, heilger Schöpfer aller Stern (GL 116, 1.-3. Strophe)
Krippenspiel:	Die drei Hirten (Krippenspiel)
Lied:	Macht hoch die Tür (GL 107, 1., 4. und 5. Strophe)
Text:	Aus der Finsternis zum Licht
Symbole:	Kleine Hirtenbeutel werden von den Hirten verteilt. Leere Beutel, die symbolisch bis Weihnachten gefüllt werden können.
Gedicht:	Zeig mir den Weg (Barbara Cratzius)
Text:	Die drei Geschenke in der heiligen Nacht
Lied:	O komm, o komm, Emmanuel (GL 902, 1. und 2. Strophe)

Im anschließenden gemütlichen Teil wurde noch die plattdeutsche Geschichte „Sünne Claos kömp“ vorgelesen.

Vorbereitungen für die Adventsfeier:

Hirtenbeutel nach Anzahl der Teilnehmer

Für die Hirtenbeutel wird aus Sackleinen ein Kreis ausgeschnitten. 1 cm vom Rand einen Faden durchreihen und zusammenziehen.

Leere Beute werden von den Hirten verteilt. Sie können bis Weihnachten symbolisch gefüllt werden.

Lied:
Wir sagen euch an den lieben Advent (GL 115, Strophen nach Anzahl der zu entzündenden Kerzen)

Text:
Wer nach Bethlehem gehen will ...

Wenn wir nichts weiter zu feiern hätten als nur die Idylle der Geburt und des Kindseins, dann bliebe zuletzt auch keine Idylle mehr übrig. Dann ist nur das ewige Stirb und Werde; dann kann man fragen, ob nicht eigentlich Geborenwerden traurig ist, weil es doch nur zum Sterben führt. Deswegen ist es so wichtig, daß hier mehr geschehen ist:
Das Wort ist Fleisch geworden.

Gedicht:
Licht umleuchtet Hirt und Herden

Licht umleuchtet Hirt und Herden,
Menschen seiner Huld.
Und ein Engel freundlich spricht:
Gott ist da, fürcht' euch nicht,
löst von Not und Schuld!

Und sie eilten zu dem Kinde,
freuten sich gar sehr.
Stille beugten sie die Knie,
und im Herzen spürten sie:
hier ist Gott, der Herr.

Und sie kündeten voll Freude,
was Gott großgemacht.
Und das Licht von Bethlehem
blieb in ihren Herzen steh'n,
hell war ihre Nacht.

Mit den Hirten laßt uns eilen,
beugen Herz und Knie.
Denn das Wunder dieser Nacht
hat auch uns Licht gebracht.
Dunkel wird es nie!

Lied:
Komm, Du Heiland aller Welt (GL 108, 1., 3. und 4. Strophe)

Text:
Mit den Hirten will ich gehen

Denkt doch, was Demut ist!
Seht doch, was Einfalt kann!
Die Hirten schauen Gott am allerersten an.
Der sieht Gott nimmermehr,
noch dort noch hier auf Erden,
der nicht ganz inniglich begehrt,
ein Hirt zu werden. *(Angelus Silesius)*

Groß ist die Zahl der Hirtenlieder, die Weihnachten gesungen werden. Im Weihnachtsoratorium von Bach ertönt eine herrliche Pastorale, und in den schlichten schlesischen Hirtengesängen kommt die ganze Freude der weihnachtlichen Zeit zum Ausdruck.
Es gehört mit zum Weihnachtsfest, daß wir einmal die Hirten in besonderer Weise betrachten.

Mit den Hirten will ich gehen,
meinem Heiland zu besehen,
meinen lieben, heilgen Christ,
der für mich geboren ist.

Da fällt uns zunächst auf: Die Hirten sind schlichte und arme Leute. Sie stehen am Rande des politischen Geschehens. Die große Welt nimmt von ihnen keine Notiz. Ein armseliger Beruf, Tag und Nacht mit den Schafen auf der Weide zu leben. Und gefährlich dazu – keineswegs so romantisch, wie das auf Hirtenbildern zu sehen ist. Wilde Tiere brechen in die Herden ein, und Kämpfe müssen ausgefochten werden. Aber sie leben als naturverbundene Menschen noch ganz mit Wind und Wetter, mit Sonnenschein und Sternenwelt verbunden. Pflanzen und Tiere sind ihnen besonders vertraut. Ihr Wesen ist auch nicht so wie das der Stadtmenschen rationalistisch verbildet – sie öffnen sich viel leichter dem großen Geheimnis, das schon die ganze Schöpfung durchwaltet, aber nun in besonderer Weise sich Weihnachten offenbaren will.
Einfältig kann man diese Hirten bezeichnen. Das Ewige kann „einfallen“ in ihr Herz. Wir denken an Matthias Claudius: „Laß uns einfältig werden und vor Dir hier auf Erden wie Kinder fromm und fröhlich sein.“ Die Hirten sind also innerlich geöffnete Menschen, Wartende.
Auf was warten sie? Auf das große Heil, das Gott ihnen in Armut, Angst und Not

schenken will. Und das erleben eben nur Menschen der Sehnsucht. „Herr, ich warte auf Dein Heil.“ Der greise Simeon war so ein Wartender. Sie hofften ja alle auf das große Ereignis, das Propheten und Heilige Schriften verheißen hatten. So sind sie Adventsmenschen. Warten und Advent gehören zusammen. Auch heute.
Und so ganz ursprünglich stehen sie dem großen Erlebnis gegenüber, das ihnen auf dem Feld von Bethlehem geschenkt wird. Niemand in dieser Davidsstadt konnte es erfahren. Diese Hirten aber schauten in der Nacht das Wunderbare: Der Himmel öffnete sich! Die unsichtbare Wirklichkeit zog einen Augenblick ihren Schleier beiseite und ließ diese wartenden Männer etwas Unsagbares schauen.
So wie es die Propheten und David erlebten – auch oft beim Weiden der Schafe. In Stille und Einsamkeit. Nur dort kann sich das Herz öffnen und das große Erleben aufnehmen, das Licht der Ewigkeit. Denn nun tritt aus dem geöffneten Himmel eine große Lichtflut – ja, viele Strahlen umgeben diese Männer. Das sind die Engel. Keine menschlichen Gestalten, sondern Lichtmächte Gottes, die den Menschen überwältigen. Und je finsterer die Nacht, um so heller das Licht! Mitten im Alltag kann uns ein solches Erlebnis geschenkt sein. Aber der stille Raum bildet die Voraussetzung.
Erste Reaktion: Furcht! Ist das verwunderlich? Wenn die überdimensionale Welt sich öffnet, geht immer ein Erschrecken durch unser Herz: die Gotteswelt – und mein kleines Herz! Was für Gegensätze! Auch wir brauchen den Trost: „Fürchtet euch nicht!“ Es soll uns etwas Großes zuteil werden! Eine weltumspannende Botschaft. Die unbegreifliche, rettende Tatsache: Freude kommt, große Freude! Es wird Weihnachten! Aber nicht nur mit schönen, erbaulichen Redensarten oder angenehmen Feiertagen oder etwas sentimentaler Stimmung.
Die Freude ist tiefer: „Euch ist heute der Heiland geboren ...“ Um diese Botschaft geht es! Diese ursprünglichen, unkomplizierten Hirten hören als erste diesen Ruf. Ja, sie vernehmen noch mehr: Diese universelle Botschaft, daß „allem Volke“ das Heil in Christus geschenkt werden soll, mündet ein in das große „Gloria in excelsis Deo – Ehre sei Gott in der Höhe“. Die ganze unsichtbare Lichtwelt stimmt in den Lobgesang ein und verheißt Friede den Menschen, die Gott lieb hat und die Gott lieb haben! Aber nur dann! Die Engel verheißen keinen allgemeinen Weltfrieden. Dazu bekommen die Hirten den Auftrag, das göttliche Kind in Bethlehem zu suchen. Der Glanz der unsichtbaren Welt verschwindet. Er bedeutet nur ein kurzes Erlebnis. Wichtig ist jetzt das „Transeamus usque Bethlehem“, „Laßt uns nach Bethlehem gehen“. Eine ziemlich gewagte Zumutung für diese Männer, aus einem solchen Lichterlebnis nun zu einem Stall zu gehen, in dessen Krippe das Heil liegen soll. Wer kann das fassen? Doch sie gehen „eilend“ zum Stall.
Auch für uns ist dieser Gang nach Bethlehem die einzige Möglichkeit, zum Weihnachtserlebnis zu gelangen.

Ist noch ein Herz in dieser Zeit
zum Gang nach Bethlehem bereit?

Dort aber schauen die Hirten das göttliche Kind. Nicht nur mit den leiblichen Augen. Es liegt ja, von außen gesehen, nur ein Kind in der Krippe – wie jedes andere auch – mit seinen Eltern Maria und Josef daneben. Doch es geht hier um ein neues, inneres Schauen. So wie der alte Simeon bekennt: „Meine Augen haben den Heiland gesehen". Diese Menschen schauten den Hintergrund, sahen tiefer und erblickten das wunderbare Geheimnis Gottes. Nur das Herz kann es erkennen.
Die Hirten wurden dabei zu Boten, die das Erlebte in die Welt hinaustrugen. Sie erzählten wie Kinder überall die wunderbaren Dinge der heiligen Nacht. Dabei lobten sie über allem Gesehenen und Gehörten den Herrn der Welt, der in die Niedrigkeit und in das Dunkel der Welt eintritt, uns Menschen zu lieben.
Auch wenn ihre Botschaft Verwunderung oder gar Ablehnung hervorrief und man sie vielleicht als Narren bezeichnete – sie erzählten weiter. Wer etwas erfahren hat, kann es auch bezeugen, das ist immer so. Ach, was können uns die Hirten nicht alles zu Weihnachten sagen!

Lied:
Gott, heilger Schöpfer aller Stern (GL 116, 1.-3. Strophe)

Krippenspiel:
Die drei Hirten (Lene Mayer-Skumanz)

8 Personen: die vier Hirten Andreas, Thomas, Jakob, David und die beiden Frauen Eva und Susanne – Josef und Maria

I. Szene:

Nacht. Auf dem Feld. Der Hirte Jakob packt Brot, Käse, Wolle usw. in ein Tuch und bindet es langsam und ungeschickt zusammen. Er brummt undeutlich vor sich hin. In seinen Bewegungen und beim Sprechen ist er unbeholfen und wird deshalb von manchen anderen Hirten für „dumm" gehalten. Von links und von rechts kommen eilig Andreas und Thomas. Andreas trägt eine Laterne.

Andreas: Jakob! Jakob! Ich muß dir was sagen! Etwas Schönes! Du wirst springen vor Freude!

Thomas: *(von der anderen Seite)* Jakob, he, alter Jakob! Waren sie auch bei dir?

Jakob: *(sieht von einem zu anderen und deutet auf das Bündel)* Da! Essen und Wolle. Schon bereit.

Thomas: Jetzt denk nicht ans Essen, jetzt nimm dich zusammen und hör gut zu: Hast du in dieser Nacht auch etwas – etwas Merkwürdiges gesehen?

Andreas: *(leuchtet Jakob ins Gesicht)* Jakob! Schau, Thomas, er zittert. Er hat sie auch gesehen.

Jakob: Ich hab' mich gefürchtet ... zuerst. Und dann hab' ich sie verstanden. Ganz langsam. Und dann hab' ich mich gefreut.

Andreas: Was hast du verstanden, Jakob? War's eine Botschaft?

Thomas: Andreas, sei still! Laß ihn reden! Er soll erzählen, was er erlebt hat. Sag ihm nichts vor. Er ist ja dumm, er kann nichts ausdenken und erfinden. Er wird uns die Wahrheit sagen. Also, was hast du gesehen ... und gehört?

Jakob: Sie waren sehr viele. Sie haben gelacht vor Freude. Sie haben gesagt: Fürchtet euch nicht. Wir verkünden euch eine große Freude. Der Heiland ist geboren. Ja, das haben sie gesagt!

Andreas: Der Heiland, auf den wir so lange gewartet haben!

Thomas: Wir haben also nicht geträumt. Weiter, Jakob!

Jakob: Dies soll euch ein – ein -

Andreas: *(hilft ihm weiter)* – ein Zeichen sein -

Jakob: Ein Kind ... in Windeln ... es liegt in einer Futterkrippe ... *(aufgeregt)* Decke! Eine Decke! Eine Decke!

Thomas: Er ist schon wieder ganz verwirrt. – Komm, Jakob, reiß dich zusammen. Sag uns nur noch das: Haben sie gesungen?

Jakob: Ehre ... Ehre sei Gott ... in der Höhe ... und Friede auf Erden den ... den ...

Andreas: – den Menschen seines Wohlgefallens.

Jakob: So war's. Genau das. Ehrenwort.

Thomas: Der Heiland ist geboren! Drüben in Bethlehem! – Hört zu, ihr zwei! Schaut ihr auf meine Schafe! Ich gehe nach Bethlehem, den Heiland begrüßen!

Jakob: Ja, ja, ja! Und die Decke!

Thomas: Was plappert er?

Jakob: Decke. Krippe. Weich liegen.

Andreas: Er meint, wir sollen eine Decke mitnehmen, damit das Kind in der Krippe nicht so hart liegen muß.

Thomas: Gut, ich nehme dem Kind eine Decke mit.

Andreas: Und ich nehme einen Krug Milch mit.

Jakob: *(hält sein Bündel in die Höhe)* Da. Da. Alles vorbereitet!

Andreas: Ich sag's noch schnell dem David und der Eva und der Susanne, was wir mitnehmen. Und wenn alle beisammen sind, ziehen wir los.

Thomas: Halt! Wer zieht los?

Andreas: Wir alle!

Jakob: Ja, ja, ja! Alle!

Thomas: Andreas, ist das dein Ernst? Du willst alle anderen mitnehmen?

Andreas: Na klar. Und allen, die die Botschaft noch nicht gehört haben, müssen wir sie verkünden. Damit alle Hirten gehen können, große und kleine, alte und junge. *(will wegrennen)*

Thomas: *(hält ihn zurück)* Andreas, du bist verrückt. Man kann nicht mit so vielen gehen. Die halten einen nur auf. David hat einen kranken Fuß, der kann nur humpeln, jede Schnecke ist schneller als er. Und die Susanne mit ihrem Kind, das dauernd was braucht! Und gar noch die Eva – die ist so ängstlich, immer muß man sie beruhigen, weil sie Löwen husten oder Räuber schleichen hört! Andreas, sei vernünftig! Nur allein kommt man vorwärts!

Andreas: Ich will sie wenigstens fragen, ob sie mitkommen wollen. *(ab)*

Thomas: *(schreit ihm nach)* Dann plag dich nur ab mit ihnen! Damit du's weißt: Ich lass' mich nicht aufhalten von unmöglichen Leuten, ich geh' ohne euch!

Jakob: *(krabbelt hoch)*

Thomas: Und du, Jakob, hör zu -

Jakob: Mitgehen!

Thomas: Ausgerechnet du! – Schau, lieber Jakob, das wirst du sicher verstehen: Einer muß bei den Herden bleiben!

Jakob: Schafe auch mit!

Thomas: Nein! Da brauchen wir ja Tage, bis wir in Bethlehem sind! Jakob, du bleibst da. Du bist ein starker guter Jakob, dir kann man die Tiere anvertrauen. Das kann man nicht jedem, nicht wahr ...? Die Begrüßung des kleinen Gotteskindes überlaß mir. Dabei muß man gut reden können. Du bist ein braver Hirte, aber reden, das ist nicht deine Stärke.

Jakob: Ich will nicht reden. Nur still sein. Das Kind anschauen.

Thomas: Aber Jakob, du bist ein so struppiger Kerl, das Kind könnte Angst vor dir bekommen, das willst du doch nicht, oder?

Jakob: Angst?

Thomas: Schau, bei Abordnungen schickt man immer die, die den besten Eindruck machen ... Und ich werde dir alles erzählen, wenn ich zurückkomme. *(eilig im Abgehen)* Alles genau erzählen!

Jakob: *(allein)* Struppig ... Dumm ... Das kleine Kind erschrecken ... nein, nein! Einer muß bei den Schafen bleiben! Das ist wahr. *(Schaut sein Bündel an)* Hm! Naja. *(im Abgehen)* Verstehst du, Gotteskind, einer muß sich um die Schafe kümmern ...

2. Szene:

Andreas an der Spitze der Hirtenschar. Sie tragen Laternen, Decken und Krüge. Susanne schleppt ein Wickelkind. Eva dreht sich dauernd ängstlich um. David hat einen Verband um den Fuß und geht am Stock. Trotzdem ist die Stimmung fröhlich.

Andreas: Achtung, eine dicke Wurzel.

Susanne: Weitersagen: Wurzel.

Eva: Ist's keine Schlange, David?

David: *(klopft mit seinem Stock auf den Boden)* Nein, eine Wurzel. Wenn es eine Schlange wäre, würde sie jetzt wegkriechen. Du mußt keine Angst haben, Eva.

Eva: Gut. Du kannst dich auf mich stützen, David.

Susanne: Oje, mein kleiner Simon hat schon wieder die Windeln voll. Können wir einen Augenblick rasten? Wenn ich ihn nicht gleich umwickle, kriegt er einen roten Popo und heult.

Andreas: Na, dann wickle ihn nur. Wir warten.

Susanne: *(wickelt)*

Eva: *(lauscht unruhig nach allen Seiten)* Ich will euch ja nicht beunruhigen, aber ich möchte wetten, da vorne geht einer.

David: Wird doch nicht gar der Thomas sein?

Susanne: *(beim Wickeln)* Geh, der ist sicher schon beim Heiland angekommen.

Eva: *(lauscht)* Das ist nicht der Thomas. Das hört sich wie ein Räuber an, so schleichend, wißt ihr!

Andreas: *(geht mit der Laterne ein paar Schritte vor)* Eva, hier schleicht überhaupt nichts!

Eva: Na, dann entschuldige bitte, ich bin leider ein Hasenfuß.

Susanne: Das macht doch nichts, besser ein Hasenfuß als ein Draufgänger, der unvorsichtig ist. So, meine Lieben, wir sind soweit! *(hebt das Baby in die Höhe)* Bitte sehr, frisch und duftend, wie sich's gehört.

Andreas: Los, weiter geht's *(Sie marschieren)*

Eva: Schon sehr finster, dieser Weg nach Bethlehem.

David: Au! Auweh!

Andreas: Dein Fuß?

David: Ja, tut mir leid. Aber ich glaube, ich müßte ihn neu verbinden.

Susanne: Ich geb' dir eine Windel von Simon, die ist schön weich zum Verbinden.

Andreas und Eva verbinden David den Fuß

David: Das ist mir schrecklich, daß ich euch so aufhalte. Und daß ihr mich bedienen müßt.

Eva: Jetzt jammere nicht. Jeder braucht einmal die Dienste der anderen.

Andreas: Außerdem ist es mir sehr recht, daß ich dir diesen Dienst erweisen darf. Wir wollen doch auch dem Heiland dienen. Wenn wir aber gefragt werden: Könnt ihr das überhaupt: Dienen? Dann dürfen wir ruhig sagen: Ja, wir haben schon ein bißchen geübt!

Susanne: Beim Kinderfüttern beispielsweise.

David: Beim Fußverbinden zum Beispiel.

Eva: Beim Löwenverscheuchen und Angstausreden zum Beispiel. (Sie lachen)

Andreas: Ihr habt leicht lachen. Aber mir wird ganz schlecht vor Aufregung, wenn ich daran denke, daß ich den Heiland begrüßen soll. Ich werde kein Wort herausbringen.

Eva: Wir werden es dir zuflüstern.

Susanne: Wir werden mit der Mutter des Kindes reden. Von Mutter zu Mutter geht das ganz leicht. Brauchst du Windeln? werde ich fragen. Hast du genug Milch? Soll ich dir helfen, das Kind zu baden?

David: Das ist eine alte Sache, daß die Frauen sich beim Reden leichter tun.

Susanne: Laß uns dein Kind anschauen! werden wir sagen. Wir sind nur arme Hirten, und die Leute in der Stadt sind froh, wenn sie mit uns nichts zu tun haben. Wir riechen zu sehr nach Stall und Tieren. Wir hätten uns auch gar nicht hergetraut, wenn die Boten nicht ausdrücklich gesagt hätten: Ihr werdet ein Kind finden, in Windeln gewickelt ...

Eva: Pst! Pst! Da vorne hör' ich was!

Susanne: Ja, da steht ein Haus! Im Finstern sieht man's kaum.

Andreas: Ein Mann kommt heraus.

Eva: Haus? Das ist eher ein Stall.

Andreas: Der Mann hat eine Laterne.

Eva: Wenigstens kein Räuber. Räuber gehen nicht mit Laternen.

Andreas: He, guter Freund?

Josef: Sucht ihr das Kind?

Andreas: Das Kind in der Krippe, den Heiland, und seine Mutter.

Josef: Es ist meine Familie. Kommt herein!

Eva: Seine Familie?

Susanne: Glaubst du, der liebe Gott läßt seinen Sohn, solange er noch so winzig ist, ohne ordentlichen Beschützer auf die Welt? Der Mann hat ein gutes Gesicht, gehen wir hinein.

Evtl. Musikstück
Nach kurzer Zeit kommen Josef und die Hirten wieder aus dem Haus.

David: *(kopfschüttelnd)* Die tun sich wirklich leicht mit dem Bekanntwerden, die Frauen!

Andreas: *(zu Josef)* Was können wir arbeiten? Gib uns was zu tun, daß wir nicht so herumstehen. Holzhacken, Wasserholen, Stallmisten und so, darin sind wir gut!

David: Der Thomas wär' auch im Reden gut gewesen!

Andreas: Der Thomas! Den hätt' ich fast vergessen *(zu Josef)*
Lieber Herr, hat uns der Thomas bei euch schon angemeldet?

Josef: Es war kein Thomas da!

Andreas: So ein großer Hirte mit braunen Augen *(beschreibt Thomas)*

Josef: Der war noch nicht da.

Andreas: Das gibt's nicht. Der ist doch schon vor uns weggegangen.

Josef:	Er ist allein gegangen?
Andreas:	Allein, damit er schneller vorwärts kommt.
Josef:	Er hat vielleicht den Weg nicht gefunden.
David:	Ah, der kennt den Weg nach Bethlehem in- und auswendig. Jede Woche kommt er her, Käse kaufen.
Josef:	Den Weg zum Jesuskind findet einer, der allein geht, nur sehr schwer. Wer andere mitnimmt, findet den Weg. Aber es ist sehr, sehr schwer, nur für sich allein den Weg zu finden. *(Mit den Hirten ab ins Haus)*

3. Szene:

Thomas mit einer erloschenen Laterne kommt auf die leere Spielfläche.

Thomas:	Also, so was hab' ich noch nie erlebt! Eigentlich wär's zum Lachen, wenn's nicht so zum Weinen wäre! Ich kann den Weg nicht finden. Den Weg, den ich bei Tag und Nacht, bei jedem Wetter kenne! Im Schlaf würde ich ihn finden ... habe ich geglaubt! Und die Laterne ist mir ausgegangen, und kein Mensch in der Nähe, den ich um Licht bitten könnte! Als hätt' ich ein Brett vor dem Kopf, so komm' ich mir vor! Wie ein verirrtes Schaf, nur noch viel dümmer! *(ruft)* Hallo! Hallo! Ist da jemand? *(Ab)*

4. Szene:

Der Hirte Jakob sitzt, in seinen Mantel gewickelt, vor einem „Feuer". Er schnitzt Pfeifchen. Manchmal probiert er es aus. Dazwischen horcht er immer wieder in die Nacht hinaus.

Jakob:	Ruft da einer? *(horcht)* Nein. Alles still. So eine Nacht, so lang wie drei Nächte hintereinander. *(pfeift)* Ah, es wird schon. *(schnitzt)* Jetzt stehen sie alle um den kleinen Heiland herum und schauen ihn an. Ach ja. Aber sie werden kommen und mir alles erzählen ... *(pfeift)* Einer muß die Schafe hüten, jaja. Man kann sie nicht allein lassen. *(horcht)* Da ruft doch einer.
Thomas:	*(von weitem)* Hallo!
Jakob:	*(steht auf)* Hallo! Hierher!
Thomas:	*(stolpert herein und schaut entsetzt auf Jakob)* Jakob, bist du das?
Jakob:	Bin ich noch struppiger geworden, daß du mich nicht erkennst?
Thomas:	*(wirft sich erschöpft neben Jakob auf den Boden, versteckt das Gesicht in den Händen)*
Jakob:	Schön, daß du gleich zu mir kommst ... Also, erzähle! ... Thomas, was ist denn? *(aufgeregt, daher wieder stotternd)* Was geschehen ... dem Kind? ... Andreas! Susanne! Wo?

Thomas: Ich hab' den Weg nicht gefunden. Ich bin im Kreis gegangen, die ganz lange Zeit.

Jakob: *(versteht nicht)* Hä?

Thomas: Ich hab' das Kind nicht gefunden. *(setzt sich nach hinten)* Vielleicht hätt' ich mit den anderen gehen sollen ...

Jakob: Armer Thomas! Da! Warme Suppe! Magst du? *(Thomas schüttelt den Kopf)* Warten wir gemeinsam. Sie werden uns alles erzählen!

Thomas: Ich will niemanden sehen. Ich will niemanden hören!

Jakob: *(begütigend)* Nanananana!

Maria und Josef kommen aus dem Hintergrund mit dem Jesuskind, leise und eilig.

Jakob: Erst kommt so lange niemand, dann kommen sogar Fremde ... Schauen aus wie Flüchtlinge. Und ein Kind ist auch dabei.

Josef: Dürfen wir an deinem Feuer rasten?

Jakob: So lange ihr wollt. *(nimmt seinen Mantel, breitet ihn aus)* Für die Frau.

Maria: Danke.

Jakob: *(nach hinten zu Thomas)* Schau dir diese Leute an!

Thomas: Laß mich. Die interessieren mich nicht.

Jakob: *(zuckt die Schulter, zurück zum „Feuer"!)* Ich will Holz nachlegen, Suppe wärmen, da im Topf. *(Betrachtet die Familie)* Was ist mit euch?

Josef: Böse Menschen verfolgen uns.

Jakob: Menschen gibt's ...! Aber du, das wird jetzt alles anders. Der Erlöser ist geboren. Der befreit uns von allem Bösen. Wenn er erst groß ist, der Heiland. *(Nachdenklich, sucht und findet das Bündel.)* Seht, das wollte ich dem kleinen Gotteskind bringen. Aber sie haben es nicht erlaubt. Einer muß immer die Schafe hüten. *(Gibt das Bündel dem Josef)* Ihr könnt es auch brauchen. Gutes Hirtenbrot, das bleibt lange saftig. *(zum Feuer hin)* Die Suppe ist schon warm. Da!
(legt Stroh bereit) Hier kann dein Kind weich liegen.

Maria: *(legt das Kind auf das Stroh)*

(Maria und Josef löffeln die Suppe aus einem Topf)

Jakob: *(beugt sich zu dem Kind)* Fürchtest du dich vor mir? Ich bin so struppig. – Nein! – Ach so, er will das Feuer sehen. Und da – siehst du – die schwarzen und die weißen Schafe. Der Hirte gibt auf sie acht. Wenn sich eins verirrt, dann geht der Hirt es suchen. Er hört es blöken. Bähbäh macht das verirrte Schaf. Und der Hirt sagt: Na, da bist du ja, du Ausreißer, und er nimmt es auf die Schulter und trägt es heim. – *(nach hinten zu Thomas)* Thomas, denk dir: Mit dem

Kind kann ich reden, besser als sonst mit einem Menschen. *(Thomas schweigt)* Der bockt, weißt du, mit dem muß man Geduld haben. *(betrachtet das Kind)* Er bockt, weil er das Kind von Bethlehem nicht gefunden hat. *(plötzlich zu Josef)* Woher kommt ihr?

Josef: Aus Bethlehem.

Jakob: Weißt du, Kind, ich bin ein ganz dummer Mensch. Ich brauch' viel Zeit, etwas zu begreifen. *(langsam, leise)* Ich wollte so gern das Kind besuchen gehen. Womöglich ist es jetzt zu mir gekommen -

Maria: *(tritt auf Jakob zu und nimmt ihm sanft das Kind ab)* Mein Kind freut sich, wenn die Menschen zu ihm kommen. Wer nicht kommen kann, den wird es suchen gehen. Es wird den Menschen nachgehen, nachlaufen wird es den Menschen, bis es alle gefunden hat. *(Mit Blick auf Thomas.)* Und wer mein Kind beim ersten Besuch nicht erkennen will, der wird es vielleicht beim zweiten, dritten, hundertsten Besuch erkennen. Mein Kind wird göttliche Geduld mit seinen Menschenbrüdern haben!

Jakob: Geduld und Erbarmen ...

Josef: Auf Wiedersehen, Jakob.

Maria: Und vielen Dank für alles, Jakob.

Jakob: *(stumm vor Staunen, starrt ihnen nach)*

Thomas: Na, sind diese Fremden endlich weg?

Jakob: Thomas, es war das Kind, das du gesucht hast.

Thomas: Du bist verrückt.

Jakob: Aber du mußt nicht verzweifeln. Es wird wiederkommen und dich suchen.

Hirten: *(in fröhlichem Durcheinander von rechts auf)* Da sind wir wieder! Juchu, da sind wir wieder!

Andreas: Wir haben den kleinen Gottessohn gefunden!

Jakob: Und er hat uns gesucht und gefunden.

David: Wir wollen allen Menschen verkünden, daß wir ihn gesehen haben.

Susanne: Alle sollen die Frohe Botschaft erfahren.

Eva: Wir wollen versuchen, Lieder zu singen, damit man die Frohe Botschaft überall hören kann.

David: Wenn alle zusammen helfen – *(zu Jakob)* ihr *(zu den Zuschauern)* und ihr -

Die Hirten, vielleicht auch das Publikum, singen ein bekanntes Weihnachtslied, zum Beispiel „O du fröhliche“ oder „Ihr Kinderlein, kommet“.

Lied:
Macht hoch die Tür (GL 107, 1., 4. und 5. Strophe)

Text:
Aus der Finsternis zum Licht

Etwas Gewaltiges muß es gewesen sein, was die Hirten aufbrechen ließ in jener Nacht, als Jesus geboren wurde, die Schafe zurücklassend, das, was ihnen eigentlich anvertraut war. Der Weg durch die Nacht führt sie zunächst weg von ihrer von ihnen übernommenen Aufgabe, weg von ihrer Bestimmung, derentwegen sie in dieser Nacht überhaupt da sind: zu wachen. Sie selbst, so könnte man meinen, erweisen sich in der Stunde des Heils als diejenigen, die Unheil zulassen: Was, wenn böse Tiere in die Herde einbrächen? Die Hirten könnten die Herde nicht schützen.

Dem Aufbruch voran geht etwas, was in des Wortes Bedeutung den Hirten einleuchtend gewesen sein muß, etwas, was sie bewegt, den Weg in die Finsternis, in eine Ungewißheit hinein, aufzunehmen, die Herden verlassend. Ein Licht, ein Engel, umstrahlt von einem Glanz, war bei ihnen, die Botschaft vom Heil, der Rettung der Menschheit, verkündend. Vielleicht war diesen einfachen Hirten der Botschaft letzte und tiefste Bedeutung nicht klar. Doch das Bewegende, daß das Heil, wie immer es auch aussehen mag, da war, das Gefühl, hier ginge es um das Leben, war Anlaß genug für sie, in die Nacht hinauszugehen, sie zu durchschreiten, wissend, daß sie nicht das Letzte ist, ja, daß in ihr das Licht der Welt, das eigentliche Licht des Lebens brennt.

Das Leuchtende – ja Einleuchtende, daher für sie auch Begreif- und Verstehbare – war für die Hirten, daß nicht der Prunk und der Glanz eines Königsmessias hier angekündigt war, sondern ein armseliges Kind in der Krippe, eines ihresgleichen, dessen Königswürde in dem lag, wie es handelte, lebte. „Mein Königtum ist nicht von dieser Welt“ sollte Jesus später zu Pilatus sagen; die Hirten haben es gespürt: Der Weg weg von ihrer Aufgabe und Bestimmung, hin zu ihrer eigenen Mitte, zu dem, der sie letztlich bewegt. Angesichts des sie umgebenden Dunkels war ihre Mitte wichtiger als die Herden: Eine Umkehr, Abkehr von dem, was ihnen bisher Sinn und Mitte war.

Bilder zeigen oftmals die Hirten, den Kopf in entgegengesetzte Richtung gewendet als die Füße sie führen, dem Licht der Engel zugewandt: Ein Licht, das den, der sich ihm zuwendet, in seiner Richtung ändert – die Umkehr zum Wesentlichen, das zu erkennen es eher der Einfachheit der Hirten denn großer Gelehrsamkeit bedarf. Wer so umkehrt, dem wird Licht in tiefster Finsternis, ein Licht, das als Botschaft so einleuchtend, so glaubwürdig, so wesentlich ist. Für Hirten, die tagaus tagein der Natur und ihren Wechseln nahe sind im Werden und Vergehen, ist glaubwürdig, was wesentlich ist. Denn das Unwesentliche, Flüchtige, Vordergründige hat dort keinen Bestand, wo das Leben ursprünglich geblieben ist.

Gedicht:
Zeig mir den Weg (Barbara Cratzius) (Gemeinsam beten)

Zeig mir den Weg des Vertrauens
unter dem leuchtenden Stern,
wie die Weisen ihn gegangen
zu ihrem König und Herrn.

Zeig mir den Weg des Dienens,
wie es Josef einst gespürt.
Öffne mir Herz und Hände,
Weg, der zum Nächsten führt.

Schenk mir den Weg der Liebe,
wie du Maria gesegnet.
Gib mir die rechten Worte
für jeden, der mir begegnet.

Schenk mir den Weg des Dankens,
den Lobpreis der Hirten vom Feld.
Gib mir ein Herz, das voll Staunen
sich für dich offenhält.

Schenk mir den Weg der Hoffnung,
von Kranken und Armen erfleht.
Den Glanz des Sterns laß mich schauen,
der strahlend am Himmel steht.

Bleib du an meiner Seite,
wenn mir die Kraft gebricht.
Schenk auf den Weihnachtswegen
mir wieder dein leuchtendes Licht.

Text:
Die drei Geschenke in der Heiligen Nacht (Idee: W. Baudet)

Als die Hirten schon lange gegangen waren und es still geworden war in der ärmlichen Hütte seiner Geburt, hob das Kind seinen Kopf und schaute zur Tür. Dort stand ein Junge – verängstigt und schüchtern. „Tritt näher“, sagte das Christkind, „warum bist du denn so ängstlich?“ – „Weil ich Dir nichts mitgebracht habe“, antwortete der Junge. „Ich hätte aber sehr gerne etwas von dir“, meinte das Kind in der Krippe. Da wurde der fremde Junge ganz aufgeregt: „Ich habe nichts. Mir gehört nichts. Wenn ich etwas hätte, würde ich es Dir geben ... Hier“ – und der Junge wühlte in den Taschen seiner zerlumpten Hose – „hier ist die Klinge eines alten Messers. Ich habe sie gefunden, Du sollst sie haben.“

„Nein“, sagte das Kind, „behalte sie. Ich möchte etwas ganz anderes von dir haben. Es sind drei Dinge.“ – „Gern“, sagte der Junge, „aber was?“ „Schenk mir dein letztes Bild, das du gemalt hast.“ Der Junge wurde rot und verlegen. Damit es nicht einmal Josef und Maria hören konnten, ging er mit seinem Mund ganz nahe an das Christkind heran: „Aber das Bild war so schlecht, daß es niemand überhaupt nur anschauen mochte.“ – „Eben deshalb“, sagte das Kind in der Krippe, „will ich das Bild haben. Du sollst mir immer das bringen, was anderen an dir nicht gefällt oder was anderen an deinem Leben nicht genügt.“

„Und dann“, fuhr das Christkind fort, „möchte ich deinen Teller haben.“ „Aber den habe ich heute zerbrochen“, stotterte der Junge. „Darum will ich ihn haben“, sagte das Kind in der Krippe. „Du sollst mir immer das bringen, was in deinem Leben zerbrochen ist. Ich will es wieder ganz machen.“

„Und als letztes“, sagte das Christkind, „gib mir die Antwort an deine Eltern, als sie dich fragten, wie du den Teller zerbrochen hast.“ Da wurde der Junge sehr traurig und flüsterte: „Ich habe gesagt, ich hätte den Teller unabsichtlich vom Tisch gestoßen. Aber das war ein Lüge. In Wirklichkeit habe ich ihn im Zorn auf den Steinboden geworfen.“ – „Das wollte ich wissen“, sagte das Christkind, „bring mir immer alles, was in deinem Leben böse ist, deine Lügen, deine Ausflüchte, deine Feigheit und Grausamkeit. Ich will sie dir wegnehmen. Du brauchst sie nicht. Ich will dich froh machen und werde dir deine Fehler immer wieder vergeben. Von heute an kannst du jeden Tag zu mir kommen.“

Lied:
O komm, o komm, Emmanuel (GL 902, 1. und 2. Strophe)

Sünne Claos kömp

Wat vegäiht de Tiet! Nu kömp Sünne Claos all wier. Vandag kriegt de Kinner tüschkentiet all wat öhr Hiärt begehrt. Fröer feuen sick de Kleinen all wiärkenlang op de Leckerien, op den Stutenkäl mät Piep, op de se’t Schmöiken probeern, op de Strümp un de nien Pantuffel. Do gäng Sünne Claos, ‚n groeten Sack op‘n Buckel mät Knecht Ruprecht van Hus tau Hus un däilen siene Gaben ut. De schwatte Mann drühen nich bloeß mät siene Rau, he däilen ouk Schlärg ut. Vöer allen de

jungen Wichter mössen sick in acht niehrmen. Do susen he gän achterher un man moß sick wünnern wi flink de olle Mann noch was.
Et was all nett düster, as Sünne Claos mät sienen Knecht ‚n Knapp harunner kamm. Dat Klöcksken bimmeln vöer öhr her. Klabum, do läggen die beiden op de Schnut un wäen ganz irdisch an‘t Flauken. Wilm un Natz, sou halwwössige Niksnutze, harn'n Strick spannt, dat se fallen mössen. Se laggen achtern Struk un lachen sick half kapott. De hillige Mann leit sick nich ophollen un gäng in't näichste Hus. De Kinner satten dicht bineen mät de Öllern un Opa achtern Disch. Sünne Claos lorß de Kinner öhr Sunnenregister vöer, wobi de Schwatte geföhlik mät de Rau fuchteln. Alle wöllen sich bärtern. Bevöer de guerden Saken utdellt wörn biärn de Kleinen mät zittriget Stimmken dat „Vater unser“. Do stak Sünne Claos de Hawer, he woll wierten of Opa noch wull biärn konn. Ower dat soll em noch läid daun.
Opa stellen sienen Staul vöer de Döer, dat kenne harin un harut kamm. Dann biärn he'n ganzen Rosenkranz un ne Litanei, de he utwennig konn. Sünne Claos konn noch män sou vull lamenteeren, dat noch annere Kinner op em wochten un he't wahn ielig har, Opa dä, as wenn he niks hören. Inne Storw was ördentlik sturkt worn un Sünne Claos un sien Knecht mät öhren dicken Talar mössen nett schwäiten. Opa gnöcheln plasseerlik vöer sick hin, as de beiden ielig ut de Storw leipen.
Wil un Natz schläiken op de Diärl harüm, as se Sünne Claos un sinen Knecht sou ürwel mätspierlt harn. Öhm Jans war grar an't Piärrfoern. He was nich guerd op de beiden te sprärken. Nülik harn se bi de Nobers Buer Doppelkopp spierlt. Do harn de beiden mät noch so'n paar Flickfleiters'n wärken-Köttken uten Stall halt und föehrt Fenster quieken loten. De Mannslü borssen harut un dachen de Schwien wäen loßkurmen. De Jungs höllen sick gau dat Katgeld van'n Disch un dann niks as weg. Dat Geld räiken grar föer'n Päcksken Tabak un Zigarettenblättkes.
Öhm Jans dach, nun söll he de beiden wull kriegen. Fröndlik sag he: „Goeht män op't Hüsken, ick mak van buten de Döer tau, dann find ink Sünne Claos nich.“ As de ut de Storw borssen kamm, föehrn em Öhme Jans op't Hüsken. Kick, do wäen de beiden Fillus. Wilm, so'n mikrig Kälken flutschen Ruprecht unnern Arm weg. Natz, ‚n kleinen, Dicken woll döert Fenster, bläiw ower mät sien dicke Chatt drin hangen. He kräig ördentlik wat föer de Buks. Op dat Schreien kamm Opa anloupen, Mutzpiep an, de Sünne Claos em mätbracht har. De holp den armen Sünner ut‘t Fenster harut, winken Sünne Claos hiärtlik no un dach, of he naichstet Jaohr noch wull vöer Sünne Claos biärn mot?

O Heiland, reiß die Himmel auf

O Heiland, reiß die Himmel auf;
herab, herab vom Himmel lauf.
Reiß ab vom Himmel Tor und Tür,
reiß ab, wo Schloß und Riegel für.

O Gott, ein' Tau vom Himmel gieß,
im Tau herab, o Heiland, fließ.
Ihr Wolken, brecht und regnet aus
den König über Jakobs Haus.

O Erd, schlag aus, schlag aus, o Erd,
daß Berg und Tal grün alles werd.
O Erd, herfür dies Blümlein bring,
o Heiland, aus der Erden spring.

Text: Friedrich Spee 1622
Melodie: Augsburg 1666
„Gotteslob" Nr. 105, Str. 1-3

Kerzen-Licht

4. Adventsfeier

Thema:
Licht und Dunkelheit
Meditationen zur Kerze

Verlauf der Adventsfeier

Lied:	Gott, heilger Schöpfer aller Stern (GL 116, 1.-3. Strophe)
Gedicht:	Friede und Gruß den Menschen
Flötenspiel:	
Text:	Das Geheimnis des Lichtes
Überleitung:	Wir hören viel vom Licht
Lied:	O komm, o komm, Emmanuel (GL 902, 1. und 2. Strophe)
Gedicht:	Wir zünden eine Kerze an
Überleitung:	Nun sehen wir Licht
Gedicht:	Es werde, es werde
Lied:	Wachet auf, ruft uns die Stimme (GL 110, 1.-3. Strophe)
Überleitung:	Jesus ist Licht für alle
Geschichte:	von Mutter Theresa von Kalkutta
Überleitung:	Durch die Geburt Jesu ist Licht in unser Leben gekommen.
Gedicht:	Wenn jeder dieses Licht erhält
Lied:	Wir tragen dein Licht
Geschichte:	Tragt in die Welt nun ein Licht
Überleitung:	Licht umfassen
Geschichte:	Das Mädchen mit dem Schwefelholz
Überleitung:	Blasen wir einmal an unserer Kerze
Gedicht:	Ein Licht
Lied:	Tauet, Himmel, den Gerechten (GL 901, 1. und 2. Strophe)
Gebet:	Herr, du bist das Licht der Welt
Geschichte:	Weihnachtskerzen
Abschluß:	Musikstück

Im anschließenden gemütlichen Teil wurde noch die plattdeutsche Geschichte „Alle Jaohr wieer kömp dat Christkind“ vorgelesen.

Vorbereitungen für die Adventsfeier:

eine große Kerze
eine Kerze für jeden Teilnehmer
Kassettenrecorder
Tonband mit angemessener Musik

Lied:
Gott, heilger Schöpfer aller Stern (GL 116, 1.-3. Strophe)

Gedicht:
Friede und Gruß den Menschen

Friede und Gruß den Menschen,
die guten Willens sind.
Friede und Gruß den Menschen,
die Advent noch als eine Zeit des Wartens aufnehmen,
auch wenn schon überall die elektrobeleuchteten Weihnachtsbäume stehen.

Friede und Gruß den Menschen,
die sich vornehmen, Zeit und Ruhe zu finden,
auch wenn sich Hektik in Kaufhäusern, Betrieben und Wohnhäusern ausbreitet.

Friede und Gruß den Menschen,
die sich einlassen auf Advent und das Erinnerungsfest
an die Ankunft des Herrn mit Herz und Seele vorbereiten.

Friede und Gruß den Menschen,
die guten Willens sind.
Diese unsere Adventsfeier soll und will
etwas dazu beitragen.

Flötenspiel:

Text:
Das Geheimnis des Lichtes (P. Hans Wallhof)

Zu den großen Geheimnissen unseres Lebens gehört das Licht. Die Scheidung des Lichtes von der Finsternis ist die erste Tat des göttlichen Schöpfers. Damit beginnt die biblische Offenbarung. Dieser „Faden aus Licht“ zieht sich durch alle Jahrhunderte und Jahrtausende bis zur kommenden Vollendung in dem Licht der Auferstehung.
Das Leben und die große Botschaft von Jesus sind Licht. Sie beginnen mit dem Licht der weihnachtlichen Geburt und vollenden sich in dem strahlenden Morgen aus der Osternacht.
Mit jeder Weihnacht wird ein Licht angezündet und erneut ein Weg gewiesen, der den Sinn des Lebens aufzuzeigen vermag. Gott wird durch die Weihnacht zu

einem menschenfreundlichen Gott, zu einem lichtvollen Begleiter der Menschen. In Jesus verbindet sich das Licht aus der Höhe mit uns Menschen der nächtlichen Zeit. Nicht umsonst und ohne Grund werden gerade in der weihnachtlichen Zeit Sonne und Sterne, die wunderbaren Lichtquellen unseres Lebens, angerufen und beschworen und als machtvolle Zeichen dieser göttlichen Kunde aufgezeigt.
Jesus offenbart sich als das Licht der Welt. Wer mir nachfolgt, wird er einmal feststellen, wandelt nicht im Schatten und in der Finsternis, sondern wird das Licht des Lebens haben. Das Licht, das in der Weihnacht entzündet wurde, wird sich nach seinem Tode in alle Himmel entfalten und alle Zeiten mit unvergänglichem Licht durchstrahlen und so ein ewiges Fest des Lichtes einleiten.
Wo immer ein Licht aus diesem Glauben heraus angezündet wird, brennt die Ewigkeit auf und schenkt es uns die großen Verheißungen der Freude und Liebe.
Unser Leben ist oft ein Weg durch die Finsternis und Nacht. Wir brauchen daher immer wieder das Licht und die Lichter, die den Lauf unserer Stunden aufzuhellen vermögen. Die Werke der Finsternis müssen abgelegt werden, um mit den Waffen des Lichtes das Leben zu bestehen, so verlangt es Paulus, der eifrige Künder der Botschaft Jesu. Johannes aber, der Freund Jesu, stellt einfach fest: Wer Gemeinschaft mit Gott haben will, muß im Lichte wandeln. Licht ist bei ihm auch Liebe. So ist Weihnachten die Zeit des Lichtes und auch die Zeit der Liebe.
In diesem Stundenbuch entzünden viele Autoren mit ihren Beiträgen und Besinnungen Lichter für uns. Jedes Licht aber, das wir entzünden, ist immer auch eine Form der Liebe. Das ist das Geheimnis der Weihnacht: Ein Licht ist angezündet. Wir dürfen nicht nur, nein, wir müssen fröhlich sein.

Überleitung:
Wir hören viel vom Licht

Wir hören viel vom Licht.
Licht! – Das Gegenteil ist die Dunkelheit. – Dunkelheit?
Um zu empfinden, wie es ist, im Dunkeln zu leben,
was Dunkelheit bedeutet, müssen wir unser elektrisches Licht ausmachen.
Denn wo erleben wir noch wirkliche Dunkelheit?
Dunkel macht uns Angst.
Unsere Städte machen wir des nachts hell wie am Tag,
unsere Häuser, unsere Wohnungen, unseren Lebensraum,
um nicht über Unvermutetes zu straucheln.
Unser Leben wird damit berechenbar,
wo Dunkelheit es unberechenbar macht.
Dunkelheit bedrückt uns, fordert uns.

– *Licht aus* -
– *Musik (vom Band)* -

Dunkelheit.
Finsternis.
Nacht.
Es fehlt das Licht!
Finsternis ist die Erfahrung unseres Lebens.
Wir leben in der Finsternis.
Uns fehlt das Licht. Wir brauchen das Licht.
Finsternis bedeutet Angst.
Angst vor der Zukunft.
Angst vor einem Atomkrieg.
Angst vor dem Tod.
Angst vor dem Abgeschobenwerden.
Angst vor der nächsten Klassenarbeit.
Angst vor dem Versagen.
Angst vor dem Alter.
Uns fehlt das Licht, das die Angst vertreibt.
Wir brauchen Licht! Wo ist das Licht?
Finsternis bedeutet Ziellosigkeit.
Wo ist ein Ziel, mit dem es sich zu leben lohnt?
Was ist der Sinn des Lebens?
Wir haben die Orientierung verloren.
Wer gibt uns das Licht? Wir brauchen das Licht.
Finsternis kommt mit der Schuld.
Schuld bedroht unser Leben.
Sie bringt uns unruhige Stunden.
Sie bringt uns schlaflose Nächte.
Sie macht unser Leben unsicher.
Sie nimmt uns die Freude am Leben.
Wir brauchen das Licht. Kennst du das Licht?
Finsternis bedeutet Einsamkeit.
Keiner findet den anderen.
Wenn er zufällig jemand findet, sieht er ihn nicht,
weil es dunkel ist.
Finsternis bedeutet Einsamkeit.
Wenn dein Freund dich sitzengelassen hat,
Wenn du mit deinen Eltern und Geschwistern im Streit lebst,
Wenn dich keiner mag, so wie du bist,
Wenn du dich vor dir selber schämen mußt,
Wenn einfach alles schief läuft,

in der Schule,
im Beruf,
in der Familie.
Wir brauchen das Licht. Hast du dieses Licht?
Das die Angst vertreibt?
Das dir das Ziel zeigt?
Das die Schuld wegleuchtet?
Das dich aus der Einsamkeit befreit?
Gibt es dieses Licht?
Gott ist Licht, und in ihm ist keine Finsternis (1. Joh., 1,5 b)
Jesus sagt: „Ich bin das Licht der Welt“. So steht es im Johannesevangelium.
Advent – und diese Worte Jesu.
Machen sie nicht schon unser Leben hell?
Wir wollen doch nicht im Dunkeln bleiben?

Lied:
O komm, o komm, Emmanuel (GL 902, 1. und 2. Strophe)

(bei: O komm, o komm, du Licht der Welt – die große Kerze anzünden)

Gedicht:
Wir zünden eine Kerze an

Wir zünden eine Kerze an, damit ein jeder sehen kann:
Es strahlt das Licht mit hellem Schein in alle Dunkelheit hinein.
Weil Gott mit dem Licht zu uns allen spricht:
Fürchtet euch nicht! Ich bin das Licht!

Wir zünden eine Kerze an, damit ein jeder sehen kann:
Im Dunkeln strahlt so hell das Licht
und sagt uns: Gott vergißt uns nicht.
Weil Gott mit dem Licht zu uns allen spricht:
Fürchtet euch nicht! Ich bin das Licht!

Als alle Welt in Finsternis
und alle Zukunft ungewiß,
hat Gott das Licht zur Welt gebracht,
so ist die Schöpfung aufgewacht.
Weil Gott mit dem Licht zu uns allen spricht:
Fürchtet euch nicht! Ich bin das Licht.

Überleitung: Nun sehen wir Licht

Nun sehen wir Licht,
das Licht einer Kerze.
Wir sehen wieder etwas.
Wir sehen auch den anderen.
Die Kerze ist plötzlich mehr als ein Gegenstand.
Sie ist fast etwas Lebendiges.
Ihre Gegenwart bedeutet nicht nur, daß ein
leuchtender Gegenstand im Raum vorhanden ist,
es ist vielmehr so, als ob jemand gegenwärtig wäre.
Das ist die Kerze.
Diese eine Kerze, nur ein Licht.
Ganz bewußt wollen wir erkennen – nur ein Licht.
Alle hier im Saal sehen Licht,
nicht ist das Licht nur für einen oder zwei.

So groß ist ein Licht – soviel kann es geben.

– *Licht für alle* -

Wie angenehm wir dieses Licht der Kerze
nach der Dunkelheit empfinden.
Wieviel können wir von einer Kerze,
von dem Licht einer Kerze lernen.

Jesus ist Mensch geworden,
er hat gesagt: „Ich bin das Licht für Euer Leben."
So wie diese eine Kerze für uns alle hier im Saal leuchtet,
so ist Gott Licht für alle Menschen.

Betrachten wir die Flamme unserer Kerze.
Niemals brennt eine Flamme nach unten.
Würden wir diese Kerze auf den Kopf stellen,
würde das Licht erlöschen.
Ihr Licht weist nach oben.
Sie weist uns die Richtung.
Denn wir sollen trachten nach dem, was droben ist.
Oben weist zum Himmel, in die Nähe Gottes.

Gedicht:
Es werde, es werde

Es werde, es werde hell auf der Erde.
Aus klein werde groß
aus wenig werde viel
aus dunkel werde hell.

Es werde, es werde hell auf der Erde.
Aus Trauer werde Freude
aus Haß werde Liebe
aus Wüste werde Garten.

Es werde, es werde hell auf der Erde.
Aus Heute werde Morgen
aus Worten werden Taten
aus Erde werde Himmel.

Es werde, es werde hell auf der Erde.
Aus Knospe werde Blüte
aus Korn werde Ähre
aus Tropfen werden Meere.
Es werde, es werde hell auf der Erde.

Lied:
Wachet auf, ruft uns die Stimme (GL 110, 1.-3. Strophe)

Überleitung:
Jesus ist Licht für alle

Jesus ist Licht für alle.
Wir brauchen Licht für unser Leben.
Immer wieder gibt es Menschen, die sagen:
„Ich sehe nicht mehr durch, um mich ist alles dunkel.
Ich weiß nicht mehr, wohin es geht.“
Ihnen hilft unsere künstlich geschaffene Helle nicht,
sie suchen nach einem anderen Licht, eines,
das ihr Leben hell werden läßt.

Geschichte von Mutter Theresa von Kalkutta

Mutter Theresa erzählt: In Melbourne habe ich einen alten Mann besucht, von dessen Existenz niemand wußte; ich habe gesehen, daß sein Zimmer in einem erbärmlichen Zustand war, und wollte es aufräumen. Er hat mich daran gehindert: „Mir geht es sehr gut." Ich habe nichts gesagt, und zuletzt hat er es erlaubt. In seinem Zimmer stand eine wunderschöne, ganz verstaubte Lampe. Ich fragte ihn: „Warum zünden Sie diese Lampe nicht an?" „Für wen? Mich braucht ja niemand. Ich brauche keine Lampe." Da habe ich ihn gefragt: „Werden Sie die Lampe anzünden, wenn die Schwestern Sie besuchen kommen?" „Ja, wenn ich eine menschliche Stimme höre, werde ich sie anzünden."
Und unlängst hat er mir sagen lassen: „Sagen Sie meiner Freundin, daß die Lampe, die sie in meinem Leben entzündet hat, immer weiter brennt."

Überleitung: Durch die Geburt Jesu ist Licht in unser Leben gekommen

Durch die Geburt Jesu ist Licht in unser Leben gekommen.
Auch gerade dort, wo es gar nicht danach scheint.
Selbst in noch so dunkler Zeit, ja nicht einmal der Tod
bringt es zum Erlöschen. Vielmehr hat Jesus alles Leid,
Tod, Freude und Glück, in ein neues Licht gestellt,
indem Er gesagt hat:
„Ich bin es, dieses Licht, Ich bin derjenige, der Aussicht
gibt, der Zukunft und Hoffnung geben kann.
Alle Tage."

Noch brennt hier im Saal nur eine Kerze.
Auch wir sollen und wollen Licht.
Damit das Licht unserer Kerze brennen kann,
müssen wir es annehmen.

– *Licht wird an alle weitergegeben* -

Bedenken wir auch: wenn alle Kerzen hier im Saal brennen
vom Licht der großen Kerze, wird ihr Licht dadurch nicht geringer.
Unsere Aufgabe im Advent ist es, dieses Licht weiterzugeben,
damit die Dunkelheit vertrieben wird.

Es wäre undenkbar, wenn die Kerze unseres Nachbarn
nicht leuchten würde. Geben wir unser Licht weiter,
tragen wir es in die Welt, damit es allen Menschen leuchte.

Gedicht:
Wenn jeder dieses Licht erhält

Wenn jeder dieses Licht erhält,
dann geht ein Leuchten um die Welt.
Sein Licht besiegt die Dunkelheit.
Es kommt zu dir! Bist du bereit?
Weil Gott mit dem Licht zu uns allen spricht:
Fürchtet euch nicht! Ich bin das Licht!

So geht das Licht von dir zu mir
und kündet: Gott ist immer hier.
Was durch das Licht mit dir geschehn,
kann ich in deinen Augen sehn.
Weil Gott mit dem Licht zu uns allen spricht:
Fürchtet euch nicht! Ich bin das Licht!

So kommt das Licht zu uns herein
und gibt uns seinen hellen Schein.
Es überstrahlt die Dunkelheit
und leuchtet weit durch Raum und Zeit.
Weil Gott mit dem Licht zu uns allen spricht:
Fürchtet euch nicht! Ich bin das Licht!

Lied:
Wir tragen Dein Licht

Geschichte:
Tragt in die Welt nun ein Licht (Ulrich Kolkmann)

Die Geschichte, die ich erzählen möchte, spielt am Heiligen Abend. Aber eigentlich beginnt sie schon einen Tag früher.
Der 24. Dezember fiel in diesem Jahr auf einen Montag. Tags zuvor, also am vierten Sonntag im Advent, war in der Dorfkirche zu Wohlenhausen ein Familiengottesdienst gewesen. Pfarrer Schwidder war zufrieden; noch in der Kirchentür hatte er sich seine vorgestopfte Pfeife angezündet. Seine Tasche mit dem Talar darin trug er in der Hand; über die Dorfstraße ging er ins Pfarrhaus zurück.
Er fand seine Idee ganz gut, keine Predigt zu halten. Er hatte den Gottesdienst in der dunklen Kirche beginnen lassen. Nur zwei der sechs Altarkerzen brannten. Dann hatte er ganz kurze Ansprachen über das Licht gehalten, das mit Jesus in die Welt gekommen ist. Und wenn dann nach seinen Redestücken die Gemeinde ein Advents-

lied sang, durfte ein Kind nach vorn kommen und eine Altarkerze entzünden. Als letzte wurde die große Kerze auf einem Ständer angesteckt, der nahe bei der ersten Stuhlreihe stand. Ganz still und feierlich war es, als Kathrin diese große Kerze nahm und der Gemeinde entgegentrug. Jeder Gottesdienstbesucher hatte am Eingang der Kirche eine weiße Christbaumkerze erhalten. Und nun zündeten zuerst der kleine Harald und die alte Frau Beyer, die in der ersten Reihe gleich am Mittelgang saßen, an der großen Kerze ihre kleinen an. Von dort pflanzte sich das Licht durch die Gemeinde fort, bis die ganze Kirche in hellem Glanz erstrahlte. Die Orgel spielte dazu. Schön war das gewesen. Zum Fürbittengebet, zum Vaterunser und zum Segen standen die Leute mit ihren brennenden Kerzen auf. Zum Schluß sangen sie alle „Tragt in die Welt nun ein Licht!“ Beim Hinausgehen versuchte jeder, seine Kerze so lange wie möglich am Brennen zu erhalten, weil es draußen etwas windig war. Den ganzen Nachmittag ging Pfarrer Schwidder dieses schöne Bild nicht aus dem Kopf.

Am Morgen des 24. Dezember war viel zu tun in der Kirche. Die zwei großen Weihnachtsbäume mußten aufgestellt und geschmückt werden. Der Weihnachtsberg mit den alten Krippenfiguren mußte aufgebaut werden. Mit dieser Arbeit wollte Pfarrer Schwidder Frau Boschat, die Küsterin, nicht allein lassen. Deshalb hatte er sich mit ihr und einigen Kindern um 9 Uhr bei der Kirche verabredet.

Was gab das für einen Schrecken, als sie die Kirche betraten. Der Pfarrer sah es zuerst. Auf dem Altar fehlte eine Kerze; es war die von rechts außen. Frau Boschat war entsetzt. Nein, die Altarkerze war nicht heruntergefallen. Offensichtlich hatte sie irgend jemand gestohlen.

Die Küsterin beteuerte: „Ich war es nicht, Herr Pfarrer, ganz bestimmt nicht! Gestern war die Kerze doch noch da.“ „Im Gottesdienst ja“, war der etwas bittere Kommentar. „Wer tut denn so etwas, eine Altarkerze stehlen?“ meinten die Kinder. Alles Suchen blieb erfolglos; die Kerze war verschwunden. Das war besonders ärgerlich, weil es auch keine Ersatzkerze gab. Die sechs Altarkerzen waren gerade erst aufgesteckt und der nachbestellte Satz Kerzen noch nicht geliefert worden. Was war zu tun? Im Pfarramt der Nachbargemeinde anzufragen, würde keinen Zweck haben; in der Kirche dort waren die Kerzen viel schlanker und auch niedriger. Das wußte Pfarrer Schwidder noch von einem Vertretungsgottesdienst.

So blieb nichts anderes übrig, als die beiden äußeren Kerzenständer vom Altar zu nehmen und in der Christvesper nur vier Kerzen brennen zu lassen. Das hatte es noch nie gegeben, ausgerechnet zum Christfest. Das Schmücken der Weihnachtsbäume und das Aufbauen des Weihnachtsbergs ging dann bei ziemlich gedrückter Stimmung vor sich.

Nach dem Mittagessen hatte sich Pfarrer Schwidder auf ein Stündchen zur Ruhe gelegt. Er wollte für die drei folgenden Gottesdienste am Abend und in der Nacht etwas Kraft sammeln. Da, gerade als er noch einmal vom Lichtergottesdienst des gestrigen Tages träumte, klingelte es an der Haustür. Draußen stand, mit gesenktem Kopf, der kleine Harald mit einem in Weihnachtspapier eingewickelten länglichen Etwas in der Hand.

„Na, komm erst einmal herein!“ bat Pfarrer Schwidder. Zögernd folgte Harald ins Amtszimmer des Pfarrers. Er war noch nie im Pfarrhaus gewesen. Harald kämpfte mit den Tränen, als die Worte aus ihm heraussprudelten: „Also, Herr Pastor, das war so: Gestern war ich doch in der Kirche. Und da haben wir alle unsere kleinen Kerzen angezündet. Und dann haben wir gesungen „Tragt in die Welt nun ein Licht!“ Da fiel mir gleich meine Tante Adelheid ein, die gerade am vorigen Sonntag ihr Baby bekommen hat. Der wollte ich meine kleine Kerze schenken, weil doch ihr Kind als zweiten Vornamen Harald haben soll. Und dann haben wir noch gesungen „Tragt zu den Alten ein Licht!“ und „Tragt zu den Kranken ein Licht!“ Da mußte ich auf einmal so sehr an meine Oma denken. Herr Pastor, Sie wissen ja, sie ist schwer krank und kann nur noch ganz selten mit dem Rollstuhl vor die Tür. Da habe ich mich dann nach dem Gottesdienst hinter dem Altar versteckt. Und als gerade keiner aufgepaßt hat, habe ich die Kerze heruntergeholt und bin ganz schnell zu meiner Oma gelaufen. Ich weiß nicht, ob meine Oma sich gefreut hat; sie hat nämlich ein bißchen geweint. Aber trotzdem, wir haben die Kerze angesteckt. Dann haben wir beide zusammen Weihnachtslieder gesungen. Ich fand das richtig schön. Und Oma hat dann noch eine Geschichte erzählt von früher, von ihrer Kirche, als sie noch ein Kind war in Ostpreußen. Da hat sie wieder geweint. Aber dann hat sie gesagt, daß ich die Kerze wieder zurücktragen soll. Und Oma hat mir hier noch einen Apfel für Sie mitgegeben. Sie sind mir auch bestimmt nicht böse?”
Auf diese Rede wußte Pfarrer Schwidder nichts zu sagen. Er nahm nur seinen Apfel, brach ihn mit beiden Daumen durch und gab eine Hälfte dem Jungen. Apfelessend gingen die beiden nun zur Kirche, stellten die wiedergefundene Altarkerze und auch die zurückgelegte wieder an ihren Ort. Pfarrer Schwidder gab dem Jungen Zündhölzer. Mit denen sollte er alle sechs Altarkerzen anzünden.
„Extra für uns?“ fragte Harald. „Ja, mein Junge“, sagte Pfarrer Schwidder, „aber wir beide wollen jetzt ganz still sein und an alle alten und an alle kranken Menschen denken, die wir kennen.“

Überleitung:
Licht umfassen

Versuchen wir einmal, mit unseren Fingern die Flamme
das Licht *zu umfassen*.

Merken wir, wieviel Wärme unsere Kerze ausstrahlt?

Licht gibt Wärme.
Dunkelheit wirkt abstoßend.
Dunkelheit erzeugt Kälte.
Hätte Gott seinen Sohn nicht auf die Erde gesandt,
wie kalt wäre dann unser Leben.

Geschichte: Das Mädchen mit dem Schwefelholz

Es war grausam kalt; es schneite und der Abend brach herein. Es war der letzte Abend im Jahr, Neujahrsabend. In dieser Kälte und Dunkelheit lief ein kleines, armes Mädchen mit bloßem Kopf und nackten Füßen durch die Straßen. Freilich hatte sie Pantoffeln angehabt, als sie von daheim weggegangen war, aber was konnte ihr das jetzt helfen! Es waren sehr große Pantoffel, die ihre Mutter früher getragen hatte, viel zu groß waren sie, und die Kleine hatte sie verloren, als sie über die Straße eilte, wo zwei Wagen schrecklich schnell vorbeigefahren waren. Der eine Pantoffel war nicht zu finden, und mit dem anderen lief ein Junge davon. Er hatte gesagt, er könne ihn als Wiege gebrauchen, wenn er selbst Kinder bekäme.

Da ging nun das kleine Mädchen auf ihren nackten kleinen Füßen, die rot und blau vor Kälte waren. In einer alten Schürze trug sie eine Menge Schwefelhölzer, und ein Bund hatte sie in der Hand. Den ganzen Tag lang hatte ihr niemand etwas abgekauft, niemand hatte ihr auch nur einen Schilling gegeben.

Hungrig und verfroren lief sie umher und sah ganz verzagt aus, die arme Kleine! Die Schneeflocken fielen auf ihr langes, blondes Haar, das sich so hübsch im Nacken kräuselte; aber daran dachte sie freilich nicht. Aus allen Fenstern heraus strahlten die Lichter, und in den Straßen roch es herrlich nach Gänsebraten; es war ja Neujahrsabend, ja, daran dachte sie!

In einem Winkel zwischen zwei Häusern, das eine ragte ein wenig weiter in die Straße hinein, setzte sie sich nieder und kauerte sich zusammen. Die kleinen Beinchen hatte sie dicht an den Leib gezogen; aber sie fror immer mehr. Nach Hause wagte sie auch nicht zu gehen; sie hatte ja keine Schwefelhölzchen verkauft und nicht einen einzigen Schilling bekommen. Der Vater würde sie schlagen, und kalt war es auch zu Hause. Sie hatten nur das Dach über sich, wo der Wind hindurchpfiff, obgleich die größten Risse mit Stroh und Lumpen verstopft waren. Ihre kleinen Hände waren vor Kälte schon fast abgestorben. Ach! Ein kleines Schwefelhölzchen müßte gut tun! Dürfte sie nur wagen, eins aus dem Bunde herauszuziehen, es an der Wand anzuzünden und die Finger daran zu wärmen. Sie zog eins heraus; ritsch! wie es sprühte und brannte! Es war eine warme, helle Flamme wie ein kleines Licht, als sie die Hand darum hielt. Es war ein wundervolles Licht! Dem kleinen Mädchen war es, als säße sie vor einem Kachelofen mit blanken Messingbeschlägen und Zierat. Das Feuer brannte so schön und wärmte so gut! Die Kleine streckte schon die Füßchen aus, um auch diese daran zu wärmen, – da erlosch die Flamme. Der Kachelofen verschwand, – sie saß mit einem kleinen Stumpf des ausgebrannten Schwefelhölzchens in der Hand da.

Ein neues wurde angestrichen; es brannte, es leuchtete, und wo sein Schein auf die Mauer fiel, wurde diese durchsichtig wie ein Flor. Sie sah gerade in die Stuben hinein, wo der Tisch mit einem blendend weißen Tuche und feinem Prozellan gedeckt stand, und herrlich duftete die mit Äpfeln und Zwetschgen gefüllte, gebratene Gans! Und was noch prächtiger war, die Gans sprang von der Schüssel und watschelte mit Gabel und Messer im Rücken gerade auf das arme Mädchen zu; da erlosch das Schwefelhölzchen, und nur die dicke kalte Mauer war noch zu sehen.

Sie zündete ein neues an. Da saß sie unter dem herrlichsten Weihnachtsbaum; er war noch größer und schöner geputzt, als sie es durch die Glastür bei dem reichen Kaufmann jetzt, am letzten Weihnachtsabend, gesehen hatte. Tausend von Lichtern brannten auf den grünen Zweigen, und bunte Bilder, wie sie als Schmuck in den Schaufenstern stehen, blickten zu ihr nieder. Die Kleine streckte beide Hände aus, – da erlosch das Schwefelhölzchen, sie sah nun, daß es die klaren Sterne waren; einer von ihnen fiel herab und zog einen langen Feuerstreifen über den Himmel.

„Nun stirbt jemand!“ sagte die Kleine, denn die alte Großmutter, die einzige, die gut zu ihr gewesen war – aber nun war sie auch tot –, hatte gesagt: „Wenn ein Stern herabfällt, geht eine Seele zu Gott ein!“

Sie strich noch ein Schwefelhölzchen gegen die Mauer, es leuchtete rings umher, und im Glanz stand ihre alte Großmutter so klar, so leuchtend, so mild und so gut vor ihr.

„Großmutter!“ rief die Kleine, „o, nimm mich mit! Ich weiß, du bist fort, wenn das Schwefelhölzchen ausgeht, fort, gerade wie der warme Kachelofen, der herrliche Gänsebraten und der große, schöne Weihnachtsbaum!“ – und hastig strich sie das ganze Bund Schwefelhölzchen an; sie wollte die Großmutter recht lange behalten. Die Schwefelhölzchen leuchteten in solchem Glanze, daß es heller war als der lichte Tag. Die Großmutter war früher nie so schön, so groß gewesen; sie hob das kleine Mädchen auf ihren Arm, und sie schwebten empor zu Glanz und Freude, so hoch, so hoch! Dort oben war keine Kälte, kein Hunger, keine Angst, – sie waren bei Gott.

Aber im Winkel am Hause saß am kalten Morgen das kleine Mädchen mit roten Wangen, ein Lächeln um den Mund – tot, erforen am letzten Abend im alten Jahr. Der Neujahrsmorgen ging auf über der kleinen Leiche, die mit den Schwefelhölzern, wovon ein Bund fast verbrannt war, da saß. Sie hat sich wärmen wollen, sagte man. Keiner wußte, was sie Schönes gesehen hatte, in welchem Glanze sie mit der alten Großmutter zur Neujahrsfreude eingegangen war.

Überleitung: Blasen wir einmal an unserer Kerze

Sicher gibt es Zeiten in unserem Leben, wo unser
Licht nicht so hell leuchtet. Verschüttet ist dieses Licht
oftmals mehr als ein glimmender Docht einer hellen Flamme,
das den Stürmen der Zeit voll von dunklem Licht widerstehen muß.

Blasen wir einmal an unsere Kerze.
Wie sie flackert, wie sie beim Windzug
hin und her getrieben wird.
Welch ein Trost und welche Hoffnung liegt dann
in der Zusage, wie wir sie bei Johannes finden:
„Geknicktes Rohr wird er nicht zerbrechen und
glimmenden Docht nicht auslöschen.“

Gedicht:
Ein Licht

Manchmal fühle ich mich wie ein Licht.
Wie eine Kerze, die im Dunkeln leuchtet.
Ich habe genug Wachs, um zu brennen.
Aber mit meiner Flamme habe ich es oft schwer.
Kommt ein Luftzug oder ein stärkerer Wind,
dann flackere ich, dann werde ich unruhig
und habe Angst, im nächsten Augenblick zu verlöschen.
Manchmal brenne ich aber auch hell.
So hell, daß das Dunkel um mich ein bißchen
heller und wärmer und freundlicher wird.
Manchmal ist meine Flamme groß und stark.
Manchmal ist sie winzig klein.
So klein, daß sie kaum noch zu sehen ist.
So klein, daß sie fast aus ist.
Guter Gott, schenke mir Kraft, wenn die kleine Flamme
ganz winzig wird und angstvoll flackert,
wenn es immer dunkler und kälter wird.
Mach mich so stark, daß ich wieder aufflackern kann,
wieder groß und hell werden darf.
Hilf mir, Gott, daß ich weiter brennen kann.
Hilf mir, Gott, daß ich für Dich brennen werde.

Lied:
Tauet, Himmel, den Gerechten (GL 901, 1. und 2. Strophe)

Gebet:
Herr, Du bist das Licht der Welt (Gemeinsam beten)

Herr, Du bist das Licht der Welt,
der uns kleine Lichter zum Leben erweckt hat
und am Leben erhält.
Hilf uns, gerade jetzt im Advent,
uns auf unser „Licht-sein“ zu besinnen.
Laß uns entdecken, daß wir nicht nur Materielles schenken können,
sondern auch all das,
was uns als „Lichter“ auszeichnet:
Unsere Talente und Fähigkeiten,
unsere Gedanken und Wünsche,
unsere Hoffnung und unser Gebet.
Erleuchte unsere Dunkelheiten.
Steck uns an mit Deinem Licht,
immer wieder neu,
damit unsere kleinen Flammen nicht erlöschen. Amen!

Geschichte:
Weihnachtskerzen (Gretl Zottmann)

Weihnachten, das Fest des Lichtes, stand vor der Tür. Eine Frau, noch nicht alt, doch schon ein wenig mitgenommen vom Lebenskampf, wanderte durch den Kaufpalast. Die dringenden, die Herzenswünsche waren bereits erfüllt und lagen goldverschnürt daheim, in den Schränken versteckt. Aber es waren ihr immer noch einige ganz heimliche Träume bekannt, die sie gern verwirklicht hätte.
Unschlüssig blieb sie da und dort stehen, überlegend, rechnend vor allem und innerlich etwas verdunkelt von Unzufriedenheit. Warum durfte, konnte man nicht einfach das Schönste auswählen! Hier gab’s alle Herrlichkeiten auf Erden, prächtig anzusehen, höchsten Ansprüchen genügend. Nein, am Angebot fehlte es nicht, aber die Mittel, die waren begrenzt ...
Sie trat an den großen Tisch mit Kerzen. Kerzen für Advent und Weihnachten, Kerzen in allen Farben, in allen Größen: fingerdünn und mehr als armdick, kunstvoll verziert mit Ornamenten, weihnachtlichen Motiven oder Blumengerank, Kerzen auf schmiedeeisernen und silbernen Ständern. Eine Sinfonie aus leise duftendem Wachs. Gerade hatte sie eine Schachtel honiggelber Christbaumkerzen gewählt, da erblickte sie plötzlich eine Hand, eine kräftige Männerhand, unsicher tastend, dann eine zweite, zierliche, welche die erste sanft hinführte zu einer der dicken Kerzen. Erstaunt hob die Frau den Kopf: Der Mann, dem die suchende

Hand gehörte, war blind! Ein kleines, fast lauschendes Lächeln verjüngte seinen Mund, als er jetzt die Kerze behutsam wie eine Kostbarkeit abtastete. Die Spitzen seiner Finger folgten dem Muster des Wachses, prüften die Formen der Reliefs, die Weite der Rundung.
Leise fragte er die Frau neben sich etwas. „Rot ist sie“, sagte die, und ihre Stimme war voll geduldiger Güte. „Ein schönes, dunkles Rot!“ Er nickte, sein Gesicht sah glücklich aus: „Ja, diese!“ Und sie kauften die Kerze.
Auch die Frau bezahlte ihre gelben Christbaumlichter. Dann verließ sie, ohne noch zu zögern, das Kaufhaus. Nein, nichts mehr! Es genügte, was für jeden an Gaben bereitlag. Denn wie reich waren sie alle, sie und die Ihren! Wie reich beschenkt – heute und immer schon –, weil sie sehen konnten: das Grün der Tanne, den Goldglanz der Kerzen, das Farbspiel der schimmernden Kugeln, die Strahlen glücklicher Augen.
In den häuslichen Weihnachtsjubel hinein würde sie erzählen, welche Ehrfurcht jene tastende Hand ausgedrückt hatte, als sie die Kerze wählte, deren Leuchten die blinden Augen doch niemals sehen würden. Welche Ehrfurcht vor dem Licht – und welche tiefe Sehnsucht danach ...

Abschluß:
Musikstück

Alle Jaohr wieer kömp dat Christkind

Et is ne schöene Tiet vöer Wiehnachten, besunners föer de Kinner. De Vöerfreude örwerkömp nich bloeß de Kinner, wenn de Adventskätzen angemakt wed, dat Hus no Backwerk rück, gebastelt un gestrickt wed. Wat krig dat Christkind ne masse Wunschkzierdel! Un dann ist endlik sou wiet.
Hilligen Obend! Bi Allkämpers sind se noch wahn druck. De leßten Besorgungen mürt gemakt wäen. Mama deiht ’n ganzen Dag all innen Drapp, dat se ouk jo alls ferrig krig. De Kinner schmückt den Wiehnachtsboem inne beste Storw un sett‘t öhre Teller op. Dann wed de Döer affgeschlorten, denn dat Christkind kömp bi Allkämpers ümmer Wiehnachtsmoern. Obends goht de Kinner fröeh schlopen. Annette, so’n fiefjöhrig Dänken, schlöpp forts in. Beate un Peter, de all’n paar Jaohr öller sind, kürnt nich inschlopen. Se höert dat Rappeln van Nürt un dat Rascheln van Papier ut de beste Storw. Peter wünschkt sick en nie Fahrrad mät sou allerhand Extrasaken dran. Süß will he ouk niks. Annette gäiht Wiehnachtsmoerns mät Papa un Mama inne Fröehmiß un bekick sick dat Krippken. Beate un Peter deckt tüschkentiets den Fröehstücksdischk inne Wuhrnkürk un korkt Kaffee. „Of ick wull’n Fahrrad krieg“, säg Peter voll Horpnung? „Wenn di dat män nich bedrüg, en Fahrrad is düer un wenn du Papa es mol helpen sölls, häs di gau ut de Dämp

makt“, meint Beate. „Nu help mi män ielig“, röpp de Dän. Peter kannt vöer Nieschierigkeit nich män uthollen. He mot wierten of dat Fahrrad inne beste Storw is. Wat deit de fliergelige Jung? He söch denn Schlürdel. Mama hät ne inne Taschk. Nu find he en Stück Droht un prorkelt domät int Schlürdellock harüm. „Lot dat sien, wat meins du wat Papa spektakelt, wenn de Döer loß is“, säg Beate. „Krieg ick de Döer loß, krieg ick se ouk wier tau“, brummte Peter. Dann is he an’t Flauken. „Schärm di wat op Wiehnachtsmoern“, säg sien Süster.
Nu kurmt de annern ut de Kärk. Ielferrig gütt Peter Kaffee in. As de Dischk affgerühmt is, säg Papa: „Lot us den Wiehnachtsboem anmaken un kieken, wat Christkind us bracht hät.“ He stoppt den Schlürdel in’t Schlürdellock un is an’t Dreihen, ower de Döer gäiht nich loß. Do stimmt doch wat nich. He vesöcht ümmber wier. Do kick he sienen Suhrn scharp an. „Bis du viellicht bi dat Schlort an’t Hanteern wirst?“ frög he. Schliep stärts nikoppt de Jung. Do löt Papa en ördentlik Donnerwäer loß. Annette is all an’t Hülen un is bang, dat Christikind all alls wier weghält hät. „Lot diene dumme Grienerie sien“, röpp Peter vedreiht. „Si du bloeß rüg, du vedäffs us dat ganze Wiehnachtsfest“, schreit Papa opgebracht un giff em eenen anne Muul. Nu grient twäi Mann in öhr Taschkendauk. „Nee, nee“, säg Mama, „wat gäiht hier rund, dobi hät dat doch vandag: “Friede op Ärden.”
As Mama dat Middagerten opdräg, hät Papa grar dat Schloert utmonteert. De Kinner stürmt no öhre Geschenke. Do stäiht dat niee Fahrrad föehrt Fenster. Peters Hiärt schlött schneller. Worüm hät he vamoern nick wochten konnt? He schärmt sick un mag sien Papa nich ankieken.
As se nomdags alle tesammen, Opa und Oma sind ouk kurmen, Mamas Festdagskauken probeert un de Kaffee un läter Opas Sunndagssigarre döer de beste Storw rukt, is de Wiehnachtsfreude bi Allkämpers introcken. Un hell un froeh klingt de Stimmen, as se de ollen Wiehnachtslieder unnern Wiehnachtsboem singt.

Wurzel Jesse. Aus der Furtmeyer-Bibel in München

5. Adventsfeier

Thema:
Wurzel Jesse – Hoffnung im Advent

Verlauf der Adventsfeier

Einleitung:	Advent
Lied:	Wachet auf, ruft uns die Stimme (GL 110, 1. Strophe)
Lesung:	Lesung aus dem Buch Jesaja
Lied:	O Heiland, reiß die Himmel auf (GL 105, 1.-6. Strophe)
Text:	Prophet Jesaja
Lied:	Kündet allen in der Not (GL 106, 1.-5. Strophe)
Text:	Jahr 1947
Gebet:	Segen über Davids Haus
Gebet:	Die Wurzel
Meditation:	Wurzel
Lied:	Macht hoch die Tür (GL 107, 1. und 5. Strophe)
Geschichte:	Wie Ochs und Esel in der heiligen Nacht in den Stall kamen (Willi Fährmann)
Musikstück:	
Lied:	Gott, heilger Schöpfer aller Stern (GL 116, 1.-6. Strophe)

Im anschließenden gemütlichen Teil wurde noch die plattdeutsche Geschichte „Usse Krippken“ vorgelesen.

Vorbereitungen für die Adventsfeier:

Diaprojektor

Leinwand

Kassettenrecorder

Tonband mit angemessener Musik

Eine große Baumwurzel für die Adventskerzen

Einleitung:
Advent

Das lateinische Wort Advent bedeutet Ankunft, Erscheinen, Auftreten. Die Kirche meint damit das Ankommen Christi auf Erden in der Geburt durch Maria. Der gesamte Zeitabschnitt im Kirchenjahr, der der Vorbereitung auf diese Ankunft gewidmet ist, heißt deshalb Advent.
Dieses Kommen des Herrn in seiner Menschwerdung vor zwei Jahrtausenden hat der gesamten Menschheit die Erlösung gebracht, die jedoch durch Christi Wirken während seines Erdendaseins noch nicht abgeschlossen ist. Das allseitige Erlösungswerk ist erst vollendet mit dem Wiederkommen Christi „in Macht und Herrlichkeit", in Seiner zweiten Ankunft am Ende aller Zeiten.
Jahrtausende hindurch hat die Menschheit vor Christus auf den Messias, den himmlischen Retter, gewartet und um Sein Kommen gebetet. Das religiöse Denken der Urchristen war erfüllt von dem sehnlichen Erwarten der Ankunft des Herrn. Immer wieder fragten sie: „Herr, wann kommst Du?"
So ist diese Epoche im Kirchenjahr, die als Adventus Domini bezeichnet wird, von einem zurückgewandten und einem vorwärtsgerichteten Adventsgedanken beherrscht; von der zweifachen Ankunft des Herrn – in seinem irdischen Erscheinen als Mensch und in seiner Wiederkehr zum Endgericht.
In unserer heutigen Adventsfeier wollen wir uns der Verheißung des Propheten Jesaja zuwenden, der in einer Situation der Verzweiflung und Hoffnungslosigkeit des Volkes schon Jahrhunderte vorher mit dem Sinnbild des „Sprosses aus der Wurzel" auf die Ankunft des Herrn hingewiesen hat.
Zwischen den Situationen zur damaligen Zeit und heute bestehen gewisse Verbindungen: Der Eroberungsrausch des assyrischen Königs, der die Mut- und Hoffnungslosigkeit des Volkes verursachte, könnte verglichen werden mit der heutigen Verzweiflung und dem Frust durch Geschäftigkeit und Hast, durch das ewige Streben nach Wohlstand und dem persönlichen Vorteil.
Mit der Besinnung auf die Vorhersage des Propheten Jesaja wollen wir die Erinnerung an die verheißene Ankunft des Erlösers wachrufen und vertiefen.
Bei ehrlicher Selbstbetrachtung stellen wir fest, daß uns der Blick und der Gedanke an die Wiederkunft des Herrn immer häufiger verlorengeht.
Wohlstand und Bequemlichkeit verleiten uns dazu, Gott aus dem Auge zu verlieren. Die Adventszeit wollen wir daher besonders dazu nutzen, uns darauf zurückzubesinnen, neuen Mut und neue Kraft zu schöpfen, den Versuchungen der heutigen Zeit zu widerstehen.

Lied:
Wachet auf, ruft uns die Stimme (GL 101, 1. Strophe)

Lesung aus dem Buch Jesaja

Ein Reis wird aus dem Stumpf Isais sprossen,
ein Schößling aus seinen Wurzeln Frucht bringen.
Auf ihm ruht der Geist des Herrn:
der Geist der Weisheit und der Einsicht,
der Geist des Rates und der Stärke,
der Geist der Erkenntnis und der Gottesfurcht.
Er erfüllt ihn mit dem Geist der Gottesfurcht.
Er richtet nicht nach dem Augenschein
und entscheidet nicht nach dem Hörensagen.
Er richtet vielmehr in Gerechtigkeit der Geringen
und entscheidet in Billigkeit für die Armen des Landes.
Er schlägt den Gewalttätigen mit dem Stab seines Mundes
und tötet den Frevler mit dem Hauch seiner Lippen.
Gerechtigkeit ist der Gurt seiner Hüften
und Treue der Gürtel seiner Lenden.
Dann wohnt der Wolf beim Lamm,
der Panther liegt beim Böcklein.
Kalb und Löwe weiden zusammen,
ein kleiner Knabe kann sie hüten.
Kuh und Bärin befreunden sich,
ihre Jungen lagern beieinander.
Der Löwe frißt Stroh wie das Rind.
Das Säugling spielt am Schlupfloch der Natter,
in der Höhle der Viper steckt das entwöhnte Kind die Hand.
Man tut nichts Böses und frevelt nicht
auf meinem ganzen heiligen Berg;
denn das Land ist voll der Erkenntnis des Herrn,
wie Wasser das Meer erfüllt.
An jenem Tag wird es geschehen:
Der Wurzelsproß aus Isai steht da als Signal für die Völker;
Nationen suchen ihn auf; sein Wohnsitz ist herrlich.

Dies sind Worte des Propheten Jesaja.

Lied:
O Heiland, reiß die Himmel auf (GL 105, 1.-6. Strophe)

Text:
Prophet Jesaja *(1 Dia wird gezeigt)*

Zu der Lesung des Propheten Jesaja, die uns sehr vertraut ist, haben wir uns zu dieser Adventsfeier Gedanken gemacht. Besonders zu dem Satz: „Aus dem Baumstumpf Isais – auch Jesse genannt – wächst sein Reis hervor, ein junger Trieb aus seiner Wurzel bringt Frucht".

Jesaja war ein großer Prophet. – Lange vor Christi Geburt. – Propheten waren Männer, die Gott erwählte, damit sie Seine Botschaft verkünden. Wenn die Menschen ganz verzweifelt waren und in schrecklicher Not, dann sandte Gott einen Propheten, der sie trösten und ihnen neuen Mut und neue Hoffnung geben sollte. Und wenn die Menschen hochmütig wurden und sich um Gottes Gebote nicht mehr kümmerten, rief Gott sie durch einen Propheten zur Umkehr auf. Vieles, was die Propheten verkündeten, wurde aufgeschrieben und immer wieder von neuem gelesen, noch Hunderte von Jahren später bis heute, wie die eben gehörten Worte des Propheten Jesaja.

Jesaja hat nämlich 700 Jahre vor Christi Geburt gelebt und von Jesus gepredigt und Sein Kommen angekündigt. Er rief zu Glauben und Vertrauen gegenüber Gott auf, der nach seinem weisen Plan die Weltgeschichte und besonders die Geschichte Seines Volkes Israel lenke.

Der Prophet Jesaja sah das Ende des Davidreiches unabwendbar kommen. Ein Reich nach dem anderen wurde von den Assyrern erobert. Das Nordreich Israels war schon erbeutet. Der König der Assyrer prahlte: „Die Grenzen zwischen den Völkern habe ich aufgehoben. Ihre Schätze geplündert, wie ein Held habe ich die Könige vom Thron gestoßen. Wie man in ein Nest greift, so griff meine Hand nach dem Reichtum der Völker."

In diesem Zustand der Verzweiflung des Volkes sah Jesaja in die Zukunft. Auch wenn das Gottesvolk bis auf einen Rest ausgerottet ist: Gott wird neues Leben erwecken. Aus der Davidsfamilie wird wieder ein Reis hervorsprießen und blühen.

(Dia – Wurzel Jesse)

So steht es auch auf dem Spruchband unseres Dias: Aus der Wurzel Jesse treiben Reis und Blume.

Wir sehen ein Dia, welches nach den Texten der Jesaja-Lesung von Berthold Furtmeyer um 1450 gemalt wurde – die Wurzel Jesse.

Wir sehen Isai – eben auch Jesse genannt – schlafend. Aus ihm sprießt der Stammbaum Jesu – an dessen Ende Maria mit dem Kind. Denn auch die Worte des Propheten sind uns bekannt, die zur Deutung dieses Bildes wichtig sind: „Seht, die Jungfrau wird ein Kind empfangen, einen Sohn gebären, und sie wird Ihm den Namen Immanuel – Gott mit uns geben."

Der Künstler fügte dem Bild Adam und Eva hinzu, um damit zum Ausdruck zu bringen, daß sie die Stammeltern der gesamten Menschheit sind.

Gott ließ durch den Propheten Jesaja schon 700 Jahre vor Christus sagen: die Nachkommen des Königs David sind besiegte Könige, das Davidsgeschlecht ist wie ein gefällter Baum, aber aus diesem Baumstumpf wird Gott einen jungen, fruchtbaren Zweig hervorsprießen lassen.
Das ist Hoffnung – Hoffnung, wo keine Hoffnung mehr zu sein scheint. – Das ist Advent.

Lied:
Kündet allen in der Not (GL 106, 1.-5. Strophe)

Text:
Jahr 1947 *(Dia der Qumran-Höhlen wird gezeigt)*

Dieses Dia versetzt uns in das Jahr 1947.
Grob gerechnet 2 600 Jahre, nachdem Jesaja gelebt und das Kommen des Herrn prophezeit hat.
Eine aufsehenerregende Begebenheit begann an einem Sommertag des Jahres 1947. Der junge Beduine Mohammed ab-Dib hütete Ziegen in den Schluchten zwischen Bethlehem und dem Toten Meer. Eine von ihnen war immer höher in die Kalkfelsen gestiegen. Er kletterte ihr nach und stieß plötzlich auf einen Spalt im Felsen. Die Öffnung führte in eine Höhle. Im Dunkeln konnte er einige Krüge erkennen. Weil er an einen Schatz dachte, untersuchte er mit seinem Freund am anderen Tag die Höhle genauer. Die beiden entdeckten einige Tonkrüge, die zwischen den Scherben anderer zerschlagener Krüge standen. In den versiegelten Gefäßen fanden sie aber nur in Leinwand gehüllte Lederrollen mit merkwürdigen Schriftzeichen. Bei einem Antiquitätenhändler in Bethlehem wollten sie daraus Erlös schlagen. Der erkannte beim genaueren Hinsehen die Schriftzeichen auf diesen Schriftrollen. Er brachte sie zu den Mönchen des Sankt-Markus-Klosters in Jerusalem. Nachdem man schon verschiedene, wissenschaftliche Urteile eingeholt hatte, maß man dem Fund erst nicht allzuviel Bedeutung bei. Doch einige Zeit später erkannte der führende Archäologe von der Hebräischen Universität in Jerusalem, Professor Sukenik, den Wert und die Echtheit der Rollen. Er gab bekannt: „Ein Schrifttext des Propheten Jesaja ist gefunden, er ist tausend Jahre älter, als alle bisher bekannten Schriftrollen".
– Das war eine Sensation -
Beim weiteren Suchen fand man noch mehrere Höhlen mit Schriftrollen und andere wertvolle Funde. Aber wer hatte sie geschrieben, wer hatte sie versteckt? Etwa 1 km entfernt waren Ruinen. Standen diese Ruinen in Beziehung zu den gefundenen Handschriften?

Ende 1951 rüstete man eine Grabungsexpedition aus. 15 Mann begannen mit der Ausgrabung der Ruine von Qumran. Die Ergebnisse übertrafen alle Erwartungen. Man fand ein altes Kloster. Hier also waren die Schriftrollen geschrieben worden. In den folgenden Jahren beschäftigten sich viele Gelehrte in aller Welt mit den Höhlenfunden und den Ergebnissen der Ausgrabungen. Das Wesentliche war, daß das Kloster von Qumran zerstört wurde. Die Bewohner konnten die Schriftrollen noch rechtzeitig in Sicherheit bringen.
Dieses Kloster war von etwa 140 vor Christi bis 68 nach Christi bewohnt. Aus dieser Zeit stammen die Handschriften.
Von allen aufgefundenen Rollen ist die Isairolle die besterhaltene. Sie besteht aus 17 Lederblättern, die zu einem langen Streifen zusammengenäht sind. Sie ist 7,34 m lang und 26 cm hoch und enthält das ganze Buch des Propheten Isai.
Wenn man bedenkt, daß diese Schriftrollen nach 2 100 Jahren gefunden wurden? Und zudem mit den Texten unserer Bibel übereinstimmen?
So ist das ein sensationeller Beweis für die Echtheit des Alten Testaments.

Gebet:
Die Wurzel (Nacheinander die vier Kerzen an der Wurzel anzünden)

Nachdem wir bisher von der Wurzel Jesse gehört haben, sahen wir es für passend an, das von Jesaja gebrauchte Sinnbild heute in unserem Kreise als Adventssymbol anstelle des üblichen Adventskranzes zu verwenden. Wurzeln gründen den Baum unseres Lebens. Wir hören nun Gebete einer alten Wurzel – die auch unsere Gebete sein könnten:

(1. Kerze an der Wurzel entzünden)

Gebet einer Wurzel für alte Menschen (Peter C. Manz)

Herr, neige Dein Antlitz herab auf mein altes Leben.
Meine Haut taugt nicht mehr zum Streicheln wie das geglättete Holz,
das sie aus meinem jungen Stamm geholt haben.
Ich war für sie nichts weiter als Abfall.
Kopfüber haben sie mich liegen gelassen.

Darum auch habe ich mich ganz verkrochen
in den weichen Boden Deines Waldes wie in mein Grab.
Nur die Fasern meiner aufgerissenen Wunden –
sie haben noch immer gierig von Regen und Schnee getrunken.

Ich bin nichts mehr wert, Herr.
Ich weiß es.
Darum neige wenigstens Du Dein Antlitz

über mein verlorenes Leben, über mein altes Holz.
Sieh meine Arme, die ich Dir entgegenhalte wie Fühler,
um ein wenig von Deinem Licht zu ertasten.
Laß noch einen verkrüppelten Arm Hoffnung
aus meinem entblößten Leib hinaufwachsen zu Dir.
Stufe um Stufe, Woche um Woche,
um ein paar Flammen des Lichtes zu entlehnen von Deinem Licht.

Ja, Herr, neige Dein Antlitz herab
und sieh in meiner Not die Not dieser armen Menschen,
die mich vergessen haben, obwohl ich ihnen doch sehr gleiche.
Bin ich nicht zu einem getreuen Abbild ihrer eigenen Not geworden,
ihrer Krankheit, ihres ununterbrochenen, lautlosen Sterbens?
Sie reden so viel von Liebe, diese Menschen,
und nehmen doch nur das mit auf ihren Weg,
was sie gerade brauchen können,
wovon sie sich einen Gewinn errechnet haben.

Herr, Du siehst: Mein Leben brachte für sie keinen Gewinn mehr.
Also weiß ich, was es bedeutet, wenn man einfach liegen gelassen wird.
Mit der letzten Kraft meiner Wurzeln
halte ich Dir darum die Not jener entgegen,
die scheinbar keinen Gewinn mehr abwerfen durch ihr Leben.
Sieh Du in mir diese unübersehbare Schar der Ausgebooteten,
die übergangen wurden, weil ihre Kraft nicht mehr gereicht hat,
weil kein Platz mehr für sie war.

Du gütiger Herr aller Kreatur:
Sieh Du in mir auch das stumme Leiden derer,
die am Leben müde geworden sind,
die sich in ihren Schmerzen vergraben,
deren Kraft zerbrochen ist unter der Gewalt eines stärkeren.
Ich bitte Dich, Herr, so sehr für alle,
deren Seele und deren Leib verstümmelt sind wie der meine.

Laß mich für sie ein Licht der Hoffnung aus dem Himmel holen.
Nur eine einzige Flamme, Du Barmherziger!
Aber ich will das kleine Licht bergen an meinem Leib,
in meinem Schoß.
Ich will es hüten, damit die Menschen nicht vergessen,
daß uns in aller Kümmernis ein großes Licht erwartet.
Amen.

(Flötenspiel)

(2. Kerze an der Wurzel anzünden)

Gebet einer alten Wurzel für Eheleute (Peter C. Manz)

Herr, ich habe es gewagt,
mir ein zweites Licht von Dir schenken zu lassen.
Du weißt ja: Es gibt einen Schmerz in meinem Inneren,
der hat sich festgebohrt in meinem alten Holz.
Es ist nur, weil sie mir meinen Stamm genommen haben.
Wie viele Jahre habe ich ihn genährt;
nach allen Richtungen habe ich meine Wurzeln in den Boden gebohrt;
denn mein Stamm sollte nicht Durst leiden.
Er war mir anvertraut. Ich habe ihn getragen,
ihm Halt gegeben in Sturm und Wind.
Tief verkrochen ins Erdreich habe ich ihm gedient.
Und er hat mir erzählt vom Blau des Himmels;
von den Vögeln, die ihre Nester seinen Zweigen anvertraut haben:
Von all den schönen Dingen dort oben.
Auch von der drückenden Last eines langen,
schneereichen Winters habe ich erfahren.

Du treuer Gott: Hast Du gesehen,
wie wir beide in solchen Wochen alle unsere Kräfte zusammengelegt haben?
Wie wir miteinander durchgehalten haben bis zum Frühling,
der immer wieder kam?

Wir waren miteinander verwachsen – verstehst Du das, Herr?

Jetzt haben sie uns getrennt.
Wissen diese Menschen denn nicht mehr, wie kostbar es ist,
miteinander zu leben?
Da kommen manche hierher, und reden von Ehe und Treue.
Und wenn sie sich ein wenig verkostet haben, gehen sie wieder auseinander.

Ach, Herr, ich will keine großen Worte machen:
Du weißt, daß ich selber oft in Versuchung war,
die Last abzuwerfen, die mich an manchem verregneten Tag
tief in den aufgeweichten Boden gedrückt hat.
Ein wenig verschämt gestehe ich heute vor Dir ein,
daß ich in solchen Stunden nur noch an mich gedacht habe.

Aber da ist noch etwas, das ich an diesen Menschen nicht verstehe.
Sie sagen, sie könnten miteinander leben,
auch wenn sie nicht miteinander verwachsen wären.
Ich bin zwar alt, Herr, und nur ein Stück Holz,

aber das weiß ich doch: Ich und mein Stamm – wir hätten nicht leben können,
wenn wir uns nicht mit jeder Faser unseres Lebens miteinander verbunden hätten.

Hätten wir uns nur berührt für eine kleine Zeit:
Wir wären beide abgestorben, Stück für Stück, eh wir's bemerkt hätten.
Ich konnte meinem Stamm seinen Halt nur geben,
weil wir bis ins Innerste miteinander verwachsen waren, auf Gedeih und Verderb,
weil meine ganze Kraft ihm gehörte.
Und er wäre nicht groß geworden,
wenn er sich nicht fest an mich gebunden hätte.
Ich wundere mich, Herr, über die gescheiten Menschen,
die noch nicht einmal wissen, was ich als junge Wurzel schon begriffen hatte:
wo etwas Großes wachsen soll, müssen wir ganz füreinander da sein.

Vielleicht aber werden die Menschen dies verstehen,
wenn sie an mich und meinen Stamm denken.
Darum, Du Schöpfer aller Kreatur:
Erzähle Du den Menschen von meinem Schmerz der Trennung.
Sag ihnen, daß ich davon träume, wieder mit meinem Stamm verbunden zu sein.

Denn ich glaube daran, daß jener Augenblick,
der meinen Stamm von mir getrennt hat,
der meinen Stamm hat sterben lassen, nicht das Ende war.

Du wirst uns wieder ganz machen und wir werden
einander wieder tragen und halten dürfen,
wenn Du kommst, um alle Wunden dieser Schöpfung zu heilen.
Nur darauf warte ich in meinen alten Tagen.
Amen.

(Flötenspiel)

(3. Kerze an der Wurzel anzünden)

Gebet einer alten Wurzel für junge Menschen (Peter C. Manz)

Wer bestimmt eigentlich, was Schönheit ist, Herr?
Bin ich noch schön? Meine Arme haben sich seltsam verrenkt,
die vielen Jahre haben sie ganz verbogen.

Als ich jung war, hatte ich mir anderes erträumt.
Schnurgerade wollte ich meine Wurzeln ins Erdreich treiben
und ohne Umwege zum Wasser finden.
Ich weiß noch den Tag, als ich auf den ersten Stein stieß.
Zu stolz war ich, um nachzugeben.
Nur die Härte spürte ich, die mir widerstand.
Ich wollte Sieger bleiben um jeden Preis.

Mein Gott! Schau noch einmal her auf meinen stumpfen, toten Arm:
Mehr hat mir dieser aussichtslose Kampf nicht übrig gelassen.
Ein wenig Weisheit aber hat er mir noch nachgereicht:
denn seitdem ging ich jedem Hindernis mit mehr Besonnenheit entgegen.
Ein aufmerksames Suchen, dann und wann Geduld –
so habe ich in den Jahren manchen Stein umklammert und überwunden.
Am Ende mußten sie mir alle dienen. Sie gaben mir den Halt,
damit ich die Last meines hohen Stammes tragen konnte in all den Stunden,
in denen der Sturm durch den Wald fuhr.

Freilich haben meine Wurzeln darüber unverwechselbare Formen angenommen.
Aber sag doch, Herr: Bin ich deswegen häßlich geworden?
Vielleicht verstehen es die Jungen, wenn sie auf mich schauen:
Ein wenig Nachgeben, eine kleine Biegung kann auch schöner machen.
Wie schlimm wäre es, wenn alle schnurgerade von mir abstehen würden!
Wo sollte sich dann die Blume einer Freundschaft einnisten können
oder ein Licht Halt finden?

Ich habe begriffen, Herr,
daß der Weg zur eigenen Freiheit den anderen nicht verletzen darf:
Mein erster junger Arm ist an der Gewalt gestorben,
mit der er den Stein töten wollte.
Darum bitte ich Dich für die Jungen, daß sie die Geduld nicht verlieren,
aber sich auch nicht scheuen, neue Wege zu suchen.
Nur so werden sie unverwechselbar.
Laß sie das Gute an der Welt nicht übersehen.
Woher sollten sie sonst die Kraft für das Leben nehmen?
Und Du selbst, mein Schöpfer, mußt den Alten ins Gewissen reden
(mir könnten sie es am Ende nicht mehr glauben).
Sag ihnen, sie sollen auf ihre gewundenen Arme sehen und nicht behaupten,
sie seien nur gerade Wege gegangen oder ihre Wege seien die einzig richtigen;
denn wo sie noch Wege gefunden hatten,
liegt heute vielleicht ein undurchdringlicher Stein.

Ach, Herr, wir stecken doch alle im gleichen Boden,
leben von Deiner Erde.
Ist so viel Gemeinsamkeit nicht auch zu preisen?

Wenn mein aufgerissenes Holz endgültig zerfällt,
dann schenke daraus den Jungen eine neue Zukunft.
Amen.

(Flötenspiel)

(4. Kerze an der Wurzel anzünden)

Gebet einer alten Wurzel für die Kinder (Peter C. Manz)

Ein viertes Licht, mein Schöpfer, halte ich Dir heute entgegen.
Ich habe es entzündet an einem leuchtenden Stern,
in den Augen eines Kindes.
In diesen Tagen hat es mich besucht, stand vor mir und sah mich an.
Es hat sich Zeit genommen für mich, so viel Zeit,
wie sich Erwachsene nie mehr nehmen können.
Lange sind seine Augen über meine Wurzel spazierengegangen.
Als es umkehrte, da wußte ich,
daß ich einen Platz in seinem Herzen gefunden hatte.

Wie gut das tat, Herr!
Wenn es die Kinder nicht mehr gäbe:
Wer hätte noch Zeit für uns in unseren alten Tagen?
Wer würde uns noch hören und sich zu uns setzen?

Ich weiß: Sie sind den Menschen nicht
mehr soviel wert, diese Kinder.
Ich habe den Tag nicht vergessen,
an dem der Mann und die Frau vor meinem Stamme stehengeblieben sind,
draußen im Wald, im Streit darüber, was mit ihrem ungewollten Kind
nun geschehen sollte.
Erinnerst Du Dich noch, Herr,
wie ich darüber erschrocken bin?
Ich habe meine Blätter gerührt,
bis die Regentropfen wie tausend Fragen auf die beiden niederfielen;
ich wollte sie aufwecken aus ihrem bösen Traum.
Sie aber haben meine Tropfen einfach weggewischt
und sind weitergegangen.
Ob sie das Gute in den Augen der Kinder
je noch einmal werden ertragen können?

Es ist schon so, Herr:
Die Kinder müssen viel Verständnis für die Erwachsenen aufbringen,
wenn sie nicht bitter werden wollen:
Verständnis für die Launen dieser Großen;
Verständnis für ihre festgefahrenen Meinungen;
Verständnis dafür, daß sie nie Zeit haben.
Es ist gut,
daß Du den Kindern die Gabe geschenkt hast,
alles Schlimme schnell zu vergessen und unter dem Schönen zu begraben.

Ach, Du mein Schöpfer: Ich bin alt und möchte doch wieder ein Kind sein -
so viel Leben in meinen Wurzeln spüren dürfen;
so viel Neues entdecken, Tag für Tag;
wieder von Herzen lachen und wieder einmal richtig weinen können;
noch nicht alles verplant haben;
sich einen Dreck um die Meinung der anderen scheren;
sich beschenken lassen ohne gleich Angst zu haben,
jetzt wieder schenken zu müssen;
wieder ja sagen können zum ganzen Leben;
vertrauen können ohne Argwohn; beten können wie ein Kind.

Ja, Herr, ich möchte wieder ein Kind sein.
Das eine Kind, das mich besucht hat,
hat so viel Sehnsucht nach Verlorenem in mir wachgerufen.
Darum bitte ich Dich: Laß die Flamme meiner neuen Kerze
wie ein unablässiges Gebet vor Dir sein.
Sie soll brennen für diese Kinder,
für ihren Frieden und für ihren Glauben;
damit Du wieder Mensch werden kannst in einem Kinde;
damit es wieder Weihnacht wird.
Amen.

Meditation:
Diaserie zum Thema „Wurzel“ *(6 Dias)*

1. Der Baum ist, wie seine Wurzeln sind

Du bist für alle Tage gemacht,
für die Tage des Lachens und
der Leichtigkeit,
aber auch für den Sturm und
seine Verheerung.
Du bist zum Standhalten gemacht.
Darum hast du Wurzeln
wie Anker im Boden.
Vergiß nicht, was dich hält,
wenn dir die Blätter und Zweige
abgerissen werden.
„Erinnerung“ heißt eine Wurzel,
„Dankbarkeit“ die andere

und eine kleine heißt „Gelassenheit“.
Wenn du blühst, denk daran:
Du lebst aus deinen Wurzeln.

Dankbar erinnern wir uns an unser Elternhaus,
unsere Geschichte, unsere Herkunft, unseren Schöpfer.

2. Ausgebrannt

Bäume sterben von innen heraus.
Lange stehen sie,
aber in den Fasern steigt nichts mehr
von den Wurzeln in die Krone.
Achte darauf, ob dir das Lachen,
das Beten und das Weinen noch gelingt.
Ob es in dir noch feucht ist
durch die Wasser von unten. Ob du noch lebst.

Eine Spanne Zeit sollten wir uns nehmen, um uns
in unsere Tiefe zu versenken, in die Gott hinabreicht.

3. Entwurzelt

Wenn du fällst,
reißt du deine Wurzeln aus der Erde.
Wenn du der Lüge verfällst,
gräbst du dir das Wasser ab.
Und wenn es der Fall ist,
daß dich Berechnung und Eigensucht
überwältigt haben,
so liegen deine Wurzeln bloß.
Oft hält eine einzige Wurzel
einen ganzen Baum.
Bedenken wollen wir, wo sich unsere Wurzeln
gelockert haben, wo wir uns leichtsinnig von
unserem Grund gelöst haben.

4. Haltlos

Es wechseln die Adressen.
Du gehst in eine andere Stadt,
bist frei und fremd.
Kein Prinzip verfolgt dich,

keine Erziehung fesselt dich,
keiner nimmt dich beim Wort.
Nicht festlegen, keine Verbindlichkeiten,
Raum zwischen den Menschen!
Vielleicht kannst du so leben
und behälst dein Rückgrat.
Dann bist du die Ausnahme.
Alle anderen brauchen einen, der es merkt,
wenn sie sich verändern,
und der traurig ist,
wenn sie ihre Ideale verraten.

Betrachten wir uns selbst, wo sind wir frei
und wo sind wir haltlos?

5. Am Wasser

Der Herr sagt: Segen soll über jeden kommen, der allein auf mich, den Herrn, sein Vertrauen setzt. Er ist wie ein Baum, der am Wasser steht und seine Wurzeln zum Bach hin ausstreckt. Er fürchtet nicht die glühende Hitze; sein Laub bleibt grün und frisch. Selbst wenn der Regen ausbleibt, leidet er keine Not. Nie hört er auf, Frucht zu tragen.

Wo haben wir Halt? Was ist für uns die Kraft des Wasser?

6. Christus, die Wurzel

Herr, Du bist entweder
an den Wurzeln meines Lebens,
oder Du kommst gar nicht
bei mir vor.
Darum bitte ich Dich um Kraft,
damit ich Dir einen Platz
bei meinen Grundentscheidungen,
meinen Vorlieben, meinen Antriebskräften
und seelischen Energiequellen einräume.

Daß Du in meine Wut, mein Lachen,
meine Sexualität kommst. Daß Du in meiner Bestürzung
und in meinem Jubel wohnst.
Daß ich wachse aus Dir.
Sei Du mir, Herr, die Wurzel meines Lebens.

Lied:
Macht hoch die Tür (GL 107, 1. und 5. Strophe)

Geschichte:
Wie Ochs und Esel in der heiligen Nacht in den Stall kamen (Willi Fährmann)

„Glaubst du eigentlich an Weissagungen?“ fragte der Esel den Ochsen. Der schreckte aus dem Halbschlaf auf und schüttelte sich, daß der Schnee aus seinem Pelz wirbelte. „Laß mich in Ruhe mit solchem Quatsch“, antwortete er mürrisch. „Ist ziemlich kalt heut nacht.“ „Ja“, sagte der Esel und drängte sich näher an den Ochsen heran, damit der Eiswind, der von den Bergen herabwehte, ihn nicht treffen konnte. „Aber ich denk' mir doch, ‚s könnte was dran sein mit den Weissagungen.“ Der Ochs brummte verdrossen und dachte: „Red du nur.“ „Wir beide haben nämlich auch eine Weissagung bekommen“, fuhr der Esel fort. „Mach keinen Quatsch mit sowas“, brummte der Ochs. „Stimmt aber“, beharrte der Esel starrköpfig auf seinem Wort. „Sicher, daß im Frühjahr warmes Wetter sein wird oder daß unser Fell naß wird, wenn es regnet“, spottete der Ochs. „Dazu brauche ich keine Propheten.“ „Nein, nein, nicht sowas, was jedermann voraussagen kann.“ „Na, was ist es denn? Red schon“, sagte der Ochs und dachte: „Wenn‘s auch ein Unsinn ist, so macht's doch die Nacht kürzer, wenn er Geschichten spinnt, der Spinner.“ „Ein wirklicher Prophet hat uns etwas geweissagt.“ „Uns beiden?“ „Ja, dir und mir.“ „Das wird mir ein schöner Prophet gewesen sein“, dachte der Ochs. „Einer der größten war's.“ „Lüg nicht zu dick“, mahnte der Ochs den Esel. Der Esel schwieg beleidigt. „Nun, ist dir der Faden gerissen?“ fragte der Ochs nach einer Weile. Der Esel sagte nichts darauf. „War's Bileam?“ fragte der Ochs ihn aus. Erst wollte der Esel weiter schweigen, doch dann plagte ihn die Neugier. „Wieso Bileam?“ „Weil der doch auf einer Eselin geritten ist. Und ohne dieses Tier hätte Bileam den Engel des Herrn am Wege gar nicht bemerkt, und er wäre schnurstracks in sein Verderben geritten.“ „Nein, Bileam war's nicht,“ sagte der Esel. „Dann meinst du bestimmt den Propheten Jeremias“, versuchte es der Ochs ein anderes Mal. „Wie kommst du auf Jeremias?“ fragte der Esel verwundert, denn ihm fiel nichts ein, was dieser Prophet über Ochs oder Esel gesagt haben könnte. „Na, weil er doch so viele Klagelieder gemacht hat. Und was paßt zu einem Ochs und zu einem Esel, die nachts im kalten Wind unter einem Ölbaum stehen und frieren, besser als ein Klagelied.“ „Kein dummer Gedanke“, gab der Esel zu, „aber der Jeremias war's auch nicht.“ Da wiegte der Ochs ratlos den Kopf und brummte: „Nicht der Bileam mit der Eselin und nicht Jeremias mit seinen traurigen Liedern.“ Schließlich sagte er unwirsch: „Bin ich denn ein Schriftgelehrter? Was weiß ich, wer's war. Womöglich behauptest du noch, es war Jesaja." „Stimmt", rief der Esel überrascht. „Jesaja 1.3. Wie kommst du gerade auf den?" „Weiß ich auch nicht. Hab's geraten", gab der Ochs zu. „Aber was hat er uns geweissagt? Sag's schon." „Der Ochse kennt seinen Herrn, hat er gesagt, und der Esel kennt die Krippe seines Herrn, hat er gesagt. Aber mein Volk erkennt nichts. Hat er gesagt." Und das letzte „Hat er gesagt" stieß der Esel laut und triumphierend hervor. „Was soll's?" grollte der Ochse enttäuscht. Aber dann fiel ihm etwas ein. „Sagtest du, du kennst die Krippe deines Herrn?" „Kenn ich", antwortete der Esel. „Du meinst, die in dem Stall vor dem Stadttor?" „Ja, die meine ich." „Und du glaubst, du findest in dieser dunklen Nacht den Weg dorthin?" „Aber sicher." „Na, dann los. Ich nehme deinen Schwanz in mein Maul und du führst mich." „Wird aber kaum etwas zu fressen da sein", warnte der Esel vor übertriebenen Hoffnungen. „Ne, das wohl nicht. Aber wir sind wenigstens vor Kälte und Wind geschützt, nicht wahr?"

Sie trotteten los. ‚S war gar nicht so schwer für die beiden, den Stall zu finden, denn es drang ein warmes Licht durch die Ritzen bis weit in die Nacht. Und dann sahen sie's, eine junge Frau; die einen gerade geborenen Säugling in Windeln wickelte, und einen Mann, der Stroh in die Krippe legte. Dorthinein bettete die Frau behutsam das Kind und lehnte sich erschöpft zurück. Der Ochs blinzelte verblüfft und der Esel starrte wie gebannt auf das Kind. „Ich kenn die Krippe," wisperte der Esel, „die Krippe meines Herrn." „Es ist der Herr. Ich kenn ihn," sagte der Ochs ganz leise und sank mit seinen Vorderbeinen in die Knie. „Sie haben ihn erkannt, Josef", flüsterte die Frau ihrem Mann zu. „Ochs und Esel haben als erste den Retter erkannt." „Ja, Maria," wunderte sich der Mann. Er wandte sich den Tieren zu und sagte: „Kommt rein. Ist kalt hier. Ihr machts hier wärmer." Da traten Ochs und Esel mit vorsichtigen Schritten in den Stall, legten sich nah an die Krippe und wärmten das Kind mit ihrem Atem. „Siehst du," hauchte der Esel. „Jesaja 1.3", nickte der Ochs. Und das Kind in der Krippe schlug die Augen auf und lächelte ihnen zu.

Musikstück (geeignete Instrumentalmusik vom Tonband)

Lied:
Gott, heilger Schöpfer aller Stern (GL 116, 1.-6. Strophe)

Usse Krippken (Karl Wagenfeld)

In miene Kinnerjaohren säggen de aollen Lüh to Wiehnachten mehrsttied no Middewinter. Nich, äs wann se no Heiden wast wäören, nee, se wäören guede Christen, und aolt un jung freide sick op dat Fest, weil de leiwe Här op de Welt kuemen was. Aowwer de kleinen Blagen no nich so äs vandag. Daomaols kamm nämmlick dat Christkindken no noch so äs vandag un broch de kleinen Kinner wat. Dat daih bloß de hillige Sünne Klaos, un de Wiehnachtsbaim in't Duorp – de konn man wull an de Finger aftellen.

De gräöttste Freid to Wiehnachten was daomaols för de Kleinen dat Krippken. Nu süht man in allen Schaukasten Krippkes staohen, we man för en paar Größken kaupen kann. Wat wäören wi riek west, wann wi in usse Kinnerjaohren so'n Krippken hat hären. Aowwer daomaols! – Geld was raore War, kaupen, so wat kaupen, dat satt der nich an. Un dao hölpen wi us sölwst: wi möken us en Krippken.

Nich, äs wann wi kinn Krippken in de Kiärk hat hären! Kinners, nee! Sogar een't wao Niejaohr en Haugenpriester opkamm – met'n ganß gewäöltig Brautmeß in de Hand. Aowwer dat was bloß to't Bekieken. Un dao bleew nicks anners üöwer, wann wi sölwst een't häbben wullen, dann mössen wi't us sölwst maken. En Kunstkenner här üöwer so'n Dink iäbendull den Kopp schütt't äs üöwer de, we man nu in alle Papier- und Pottladens, bi Juden un Christen kaupen kann. Aowwer kinn Künstler konn stolter sien op sien Wiärks, äs wi et wäören.

In usse Naohberschopp wuehnde ‚ne Famillig, de har wat vöraf vör alle Lüh in't ganße Duorp: se hären ‚ne aolle Beßmoder in't Hus, we Jaohr ut, Jaohr in Dagg für Dagg de kleinen Blagen hott. Et was en ganßen Ruott! – Wao Duwen sind, fleigt Duwen to, un bi all de Küken, wao de Beß ümmer met harümtuckte, dao kruopp dat ganße Blagenvolk ut de Naohberschopp fak met unner de Flittken. Un wann buten de Sneeblomen flüögen un't op de Straot nich mähr daogg, dann tröcken wi Früemden met de aolle Beß un iähre Trabanten. Beß gong dann met de Kleinsten op'n Stuoben. De annern mössen op de Diäl. In de Küek dröffen wi nich blieben. Dao hären wi Summers ‚ne kleine Sündflot makt. Dao stonn nämmlick 'ne Pump in, de moß unner den Grund met de Wase in Verband stoahn: se smeet af un to kleine Fisk met. Un för twee socke kleine Spittlinge hären wi'n Summers pumpt, datt us't Water in de Holsken steeg un de Emmers in de Küek swömmen. Siet de Tied mössen wi op de Diäl.

Dat Dink, wat Diäl hedde, was eegentlick bloß en Rum tüsken Küek un Stall, Wand un Kammer, so graut äs en hännigen Stuoben un kreeg siene Lucht düör dat Kohstallfenster. Dao können wi spielen, un dao möken wi usse Krippken. Waovon? Jä, von Röben un Runkeln, Wuotteln un Katuffeln, Spricker, Späön, Hei un Strauh. Met Messer un Fingerniägel wüörden se trächtsnieden un -knieppen, Mensken un Diers. – De schönste, goldgiäle Tappwuottel lag, suorglick inpuckt, op't Hei äs Christkindken. Slanke, witte Röben, minner aof mähr utstaffeert met Lappens un Papier, stönnen derniäben äs de hilligen Äöllern. Un Wuotteln, Röben, Run-

keln wäören hillige drei Küeninge un Dieners, Schaipers un Schaiperjungs. Kamele, Ossen und Iesels. Un kleine Röwkes met lange Stiärtkes laipen äs Rüens tüsken de runden Kattufelnschäöpkes. Un dat Ganße stonn in den Trogg, wao för Koh un Swien de Runkeln in staott wüörden, un üöwer düsse eegenartigen bethlemitsken „Fluren" löchtede ne graute Plat von ne giäle Wuottel met Straohlen von Strauhspies äs de Stärn von Bethlehem von en End von'n Fixstaken harunner.
Un wann se all praot was, usse eegene, graute Herrlichkeit, dann stönnen wi devör un süngen „Heiligste Nacht" met ne Andacht un ne Macht, datt de Koh verwünnert den Kopp opbüörde un met iähre dösigen Augen de glücklicken Blagen stuer ankeek.
Op de kleine Diäl wuor't fröh düster, un bitieden mössen wi usse Krippken alleen laoten.
Un den annern Dagg? – Träönen in de Augen, stonn de ganße Tropp vör den lierigen Trogg. – All de Schönheit, alle Mensken, all't Veeh was verswunnen, bloß de Wuottelstärn an den Fixstaken löchtede in unverönnerte Pracht. – We har us dat Hiärtleed andoahn? – Dao kamm de Beß. – En Küern hen un hiär. – Se, se, we män bloß mähr för de Kleinen liäwde, se was't west. Kaputt staoot har se usse Krippken, und de Koh har't friätten. Se har't jä nich seihen, se was so aolt, de Beß!
Un wi möken us wier en nie Krippken, aowwer wi verstoppten't dann aobens op de Hill. De Koh hät't dat Jaohr nich wier frätten, et is verwiekelt.
Un dann kamm met de Tied en Jaohr, äs kinneen mähr metdohen wull, äs een fraogg: „Söll wi wier en Krippken maken?" – Graute Jungs! – Gong dat dann? – Un wi möken kinn Krippken wier.
Un dat Liäben staott us daornao mähr äs een Krippken kaputt, un Suorg un Möh, Arbeit un Aolldag fraiten den Kinnersinn un dat Kinnerglück. Bes us Guod de Här sölwst en Kind gaff un wi met em den Wägg wier trüggfinnen konnen in't Kinnerland, in't glückliche, siälige Kinnerland.

Gott, heilger Schöpfer aller Stern

Gott, heilger Schöpfer aller Stern,
erleucht uns, die wir sind so fern,
daß wir erkennen Jesus Christ,
der für uns Mensch geworden ist.

Denn es ging dir zu Herzen sehr,
da wir gefangen waren schwer
und sollten gar des Todes sein;
drum nahmst du auf dich Schuld und Pein.

Lob, Preis sei, Vater, deiner Kraft
und deinem Sohn, der all Ding schafft,
dem heilgen Tröster auch zugleich
so hier wie dort im Himmelreich. Amen

Text: Conditor alme siderum
10. Jahrhundert
Übertragung Thomas Münzer 1523
Melodie: Kempten um 1000
„Gotteslob" Nr. 116, Str. 1, 2, 6.

Geburtsgrotte in Betlehem

6. Adventsfeier

Thema:
Stern über Bethlehem, zeig uns den Weg

Verlauf der Adventsfeier

Lied:	Wir sagen Euch an den lieben Advent (GL 115, 1.-4. Strophe)
Text:	Verheißung (P. Werner J. Bock)
Lied:	O Heiland, reiß die Himmel auf (GL 105, 1., 2. und 5. Strophe)
Text:	Das Geheimnis des Lichtes (Hans Wallhoff)
Lied:	O komm, o komm, Emmanuel (GL 902, 1., 2. und 3. Strophe)
Überleitung:	Zum Sterndeuterspiel
Spiel:	Sterndeuterspiel
Musikstück	
Überleitung:	Nach Sterndeuterspiel
Gebet:	Stern über Bethlehem
Lied:	Gott, heilger Schöpfer aller Stern (GL 116, 1., 2., 3. und 4. Strophe)
Geschichte:	Ein Kind ist geboren (Jindra Capek)
Lied:	Tauet, Himmel, den Gerechten (GL 901, 1. und 2. Strophe)
Geschichte:	Wie die Eulen einen Boten schickten
Musikstück	
Text:	Randnotiz

Vorbereitungen für die Adventsfeier:

Es wurden für jeden Teilnehmer Strohsterne gebastelt, die anschließend mit nach Hause genommen werden konnten.

Evtl. ein Teleskop für das Sterndeuterspiel

Lied:
Wir sagen euch an den lieben Advent (GL 115, 1.-4. Strophe) nach Anzahl der zu entzündenden Kerzen

Text:
Verheißung (P. Werner J. Bock)

Nach dem Frühling sehnen wir uns, weil seine ungeheure Lebenskraft die Natur erwachen läßt, weil zartes Grün und die Vielfalt der ersten Blüten unsere Sinne verwöhnen. Den Sommer genießen wir mit seinen langen warmen Tagen, an denen man so viel unternehmen und an den wohltuend kühlen Abenden noch lange draußen sein kann. Schließlich der Herbst, der seine ganze Farbenpracht in die Wälder zaubert und uns den Segen Gottes in der Ernte schenkt. Dann neigt sich das Jahr allmählich in seinem großen Bogen. Die Natur hat sich verausgabt und braucht Ruhe.

Uns Menschen geht es ebenso. Auch uns tut es gut, gelegentlich innezuhalten, Atem zu holen, zu uns selbst zu finden. Vielleicht ist uns gerade deshalb die Adventszeit so liebgeworden. Nicht das Draußen, sondern das Drinnen bestimmt nun unser Lebensgefühl. Advent – stille Zeit der tausendfältigen Erinnerungen aus Kindertagen und Jugendzeit ... Nun rücken wir näher zusammen, bedenken das Jahr und unser Leben.

Gewiß, diese Wochen enthalten auch viel Unruhe und Hektik, wenn wir unterwegs sind, um Geschenke zu besorgen, mit denen wir anderen Freude bereiten wollen. Das ist gut so, das gehört zur Vorfreude; denn wir empfinden selbst Freude dabei, wenn wir andere überraschen. In diesen Adventswochen sollten wir jedoch immer wieder Stunden der Ruhe und Einkehr finden, in denen wir uns auf das Eigentliche besinnen, unser Herz öffnen für den, der uns verheißen ist als Retter der Welt, als Messias. Atem holen und die Ruhe zulassen, um nach innen lauschen zu können. Zu dieser Einkehr bei sich selbst gehört auch der Mut zur Umkehr, um ihm entgegenzugehen, der von Gott auf die Erde gesandt wird: Jesus Christus. Das ist Adventszeit – stille Zeit.

Lied:
O Heiland, reiß die Himmel auf (GL 105, 1., 2. und 5. Strophe)

Text:
Das Geheimnis des Lichtes (P. Hans Wallhof)

Zu den großen Geheimnissen unseres Lebens gehört das Licht. Die Scheidung des Lichtes von der Finsternis ist die erste Tat des göttlichen Schöpfers. Damit beginnt

die biblische Offenbarung. Dieser „Faden aus Licht“ zieht sich durch alle Jahrhunderte und Jahrtausende bis zur kommenden Vollendung in dem Licht der Auferstehung.
Das Leben und die große Botschaft von Jesus sind Licht. Sie beginnen mit dem Licht der weihnachtlichen Geburt und vollenden sich in dem strahlenden Morgen aus der Osternacht.
Mit jeder Weihnacht wird ein Licht angezündet und erneut ein Weg gewiesen, der den Sinn des Lebens aufzuzeigen vermag. Gott wird durch die Weihnacht zu einem menschenfreundlichen Gott, zu einem lichtvollen Begleiter der Menschen. In Jesus verbindet sich das Licht aus der Höhe mit uns Menschen der nächtlichen Zeit. Nicht umsonst und ohne Grund werden gerade in der weihnachtlichen Zeit Sonne und Sterne, die wunderbaren Lichtquellen unseres Lebens, angerufen und beschworen und als machtvolle Zeichen dieser göttlichen Kunde aufgezeigt.
Jesus offenbart sich als das Licht der Welt. Wer mir nachfolgt, wird er einmal feststellen, wandelt nicht im Schatten und in der Finsternis, sondern wird das Licht des Lebens haben. Das Licht, das in der Weihnacht entzündet wurde, wird sich nach seinem Tode in alle Himmel entfalten und alle Zeiten mit unvergänglichem Licht durchstrahlen und so ein ewiges Fest des Lichtes einleiten.
Wo immer ein Licht aus diesem Glauben heraus angezündet wird, brennt die Ewigkeit auf und schenkt uns die großen Verheißungen der Freude und Liebe.
Unser Leben ist oft ein Weg durch die Finsternis und Nacht. Wir brauchen daher immer wieder das Licht und die Lichter, die den Lauf unserer Stunden aufzuhellen vermögen. Die Werke der Finsternis müssen abgelegt werden, um mit den Waffen des Lichtes das Leben zu bestehen, so verlangt es Paulus, der eifrige Künder der Botschaft Jesu. Johannes aber, der Freund Jesu, stellt einfach fest: Wer Gemeinschaft mit Gott haben will, muß im Lichte wandeln. Licht ist bei ihm auch Liebe. So ist Weihnachten die Zeit des Lichtes und auch die Zeit der Liebe.
Jedes Licht aber, das wir entzünden, ist immer auch eine Form der Liebe. Das ist das Geheimnis der Weihnacht.

Lied:
O komm, o komm, Emmanuel (GL 902, 1., 2. und 3. Strophe)

Überleitung zum Sterndeuterspiel

Mit großer Sehnsucht hat das Volk Israel den Messias erwartet. Das Land war von den übermächtigen Römern besetzt. In Jerusalem regierte der Statthalter des römischen Kaisers. Wann würde das unterdrückte Volk Israel befreit werden? Das konnte niemand vorhersagen ...

Aber das auserwählte Volk kannte die Zusage des großen Gottes. In den heiligen Büchern stand es geschrieben.
Durch die Stimme der Propheten hatte Er gesprochen.
Beim Propheten Jesaja stand geschrieben:

Auf, werde hell, denn es kommt dein Licht,
und die Herrlichkeit des Herrn geht leuchtend auf über dir.
Finsternis bedeckt die Erde und dunkel die Völker,
doch über dir leuchtet der Herr,
Seine Herrlichkeit erscheint über dir.
Völker wandern zu deinem Licht,
und Könige pilgern zu deinem strahlenden Glanz.
Blick auf und schau umher:
Alle versammeln sich und kommen zu dir.
deine Töchter trägt man auf den Armen herbei.
Wenn du das siehst, wirst du dich freuen,
du zitterst vor Glück, und das Herz geht dir auf.
Auch den Reichtum des Meeres bringt man herbei,
die Schätze der Völker kommen zu dir.
Zahllose Kamele strömen ins Land,
Dromedare aus Midian und Efa.
Ganz Saba kommt, bringt Weihrauch und Gold
und verkündet den Ruhm des Herrn.

Bald aber mußte Er kommen, so hofften alle.
Damals gab es einige Gelehrte, Sterndeuter waren es. Auch sie kannten die Verheißung der Propheten. Sie suchten Nacht für Nacht den Himmel ab, denn sie glaubten, die Sterne würden ihnen ein Zeichen geben, wenn der Messias geboren werde, der gute Freund und Retter.
So wie es sich damals zugetragen haben könnte, sehen wir es nun in einem kleinen Bühnenspiel.

Sterndeuterspiel

Sprecher 1: Ich geb's auf. Es ist noch immer alles so, wie es war. Kein Zeichen der Hoffnung. Immer die gleichen Sterne, immer die gleichen Menschen. Jeder geht seinen Weg.

Sprecher 2: So viele Stunden starre ich jede Nacht durch das Glas. Warten! Warten! Rote entzündete Augen haben wir und am Morgen kommt man kaum hoch.

Sprecher 3: Aber es steht doch in den Schriften geschrieben. Die alten Schriftrollen lassen keinen Zweifel daran. Hier steht es: „Auf, werde Licht, Jerusalem, denn es kommt dein Licht und die Herrlichkeit des Herrn geht leuchtend auf über dir.

Sprecher 1: Und hier "Das Volk, das im Dunkeln lebt, sieht ein helles Licht ... Denn ein Kind ist uns geboren, ein Sohn ist uns geschenkt. Die Herrschaft liegt auf seiner Schulter; man nennt ihn Friedensfürst". Die Schriftrollen besagen, daß ein Stern aufgehen wird am Himmel. Und dann ...

Sprecher 2: Ja, ja, wir wissen es ja. Und dann. Und dann. Und wann wird das sein. Wann wird dieser Tag endlich kommen? Wann, wann ...??

Sprecher 3: Also ich mache heute früher Schluß. Ob ich morgen überhaupt komme, das weiß ich noch nicht. Ich denke, ich werde gehen.

Sprecher 1: Es ist noch nicht sehr spät. Laßt es uns noch einmal versuchen. Von mir aus.

Sprecher 2: Komm, mach weiter mit. Die Zeit hat sich erfüllt. Nach allem, was wir wissen, kann es nicht mehr lange dauern.

Sprecher 3: Das hast du schon vor Jahren gesagt.

Sprecher 1: Der Messias wird kommen. Er wird erscheinen. Ich glaube fest daran.

Sprecher 3: Also gut, ich bleibe. Ich versuche es noch einmal.

Sprecher 1: Ich sehe was, ich habe etwas im Glas. Ein Phänomen! Den habe ich noch nie gesehen! Muß ein Komet sein! Das Zeichen des Himmels.

Sprecher 2: Wo ist er denn?

Sprecher 3: Hast du dich auch nicht getäuscht?

Sprecher 1: Schau selbst, da über dem Horizont, genau im Osten. Einen leuchtenden Schweif zieht er hinter sich her.

Sprecher 2: Ich seh ihn, unglaublich – so groß und schön. Ein neuer Stern. Ein deutliches Zeichen des Himmels.

Sprecher 3: Tatsächlich, daß ich das noch erlebe! Dreißig Jahre warten wir nun schon, suchen Nacht für Nacht den Himmel ab, und eines Tages ist es da. Das Zeichen einer neuen Zeit. Das Zeichen des Friedens.

Sprecher 1: Jetzt wird der Messias geboren. Aber wo?

Sprecher 2: Die Sache ist berechnet! Hier seht ihr es im Sternenbild. Höchst seltsame Zeichen sind am Himmel, die sonst nie zusammentreffen.

Sprecher 3: Hier, Jupiter, der Stern des Weltherrschers, trifft sich mit Saturn.

Sprecher 1: Ist Saturn nicht der Stern Palästinas?

Sprecher 2: Ja, und hier, sie treffen sich im Zeichen der Fische. Das bedeutet: In Palästina wird in diesem Jahr der Herrscher der Endzeit geboren.

Sprecher 3: Helft berechnen – es muß am Mittelmeer sein, im Land der Juden, in der Nähe von Bethlehem.

Sprecher 1: Aufregend, und so genau zu berechnen! Wir müssen hingehen, kommt.

Sprecher 2: ER wandert. Kommt, wir folgen dem Zeichen des Himmels.

Flötenspiel

Überleitung

Ansager: Ein Stern ist aufgegangen,
sein Licht durchstrahlt die Nacht.
Das Heil hat angefangen.
Hat Hoffnung uns gebracht.

Alle: Gefesselt und gefangen,
war'n wir in unserer Zeit.
Der Stern ist aufgegangen,
hat endlich uns befreit.

Alle: Wir folgen seinen Wegen,
uns führt sein heller Schein.
Der Herr kommt uns entgegen,
will unser Bruder sein.

Ansager: Auch wir sind aufgerufen, den Stern zu suchen. Den Stern, der unsere Herzen öffnet, der uns die Angst vor dem Dunkeln nimmt, den Stern, der alle Menschen froh macht. Ich bin sicher, er wird sich finden lassen, für uns zu scheinen, der Stern von Bethlehem, denn seit jener Heiligen Nacht bezeugt er die Verbindung des Himmels mit der Erde, sagt er die Geburt dessen an, der für uns zum Menschenkind geworden ist.

Wir sind aufgerufen, dem Leuchten seines Sterns zu folgen, damit er uns zum Wegweiser wird, zum Leitstern, damit alle täglich, besonders jetzt in den letzten Tagen vor Weihnachten, neu den Weg nach Bethlehem finden und gehen. Der Weg nach Bethlehem ist kein leichter Weg. Er bedeutet nicht selten mühevolles Wandern. In der Geschäftigkeit unserer Zeit lassen wir uns oft wenig Zeit, den Stern, der uns führen soll, zu suchen und zu sehen. Aber ER, zu dem wir pilgern, der das Ziel unserer Reise ist, ER sendet uns allen, die guten Willens und mit uns unterwegs sind, SEINEN Stern, der alle Dunkelheit des Herzens und des Geistes erhellt.

Gebet:
Stern über Bethlehem *(wir beten gemeinsam)*

Stern über Bethlehem, zeig uns den Weg,
führ uns zur Krippe hin, zeig, wo sie steht.
Leuchte du uns voran, bis wir dort sind,
Stern über Bethlehem, führ uns zum Kind.

Stern über Bethlehem, nun bleibst du stehn
und läßt uns alle das Wunder hier sehn,
das da geschehen, was niemand gedacht,
Stern über Bethlehem, in dieser Nacht.

Stern über Bethlehem, wir sind am Ziel,
denn dieser arme Stall birgt doch so viel.
Du hast uns hergeführt, wir danken dir,
Stern über Bethlehem, wir bleiben hier.

Stern über Bethlehem, kehrn wir zurück,
steht noch dein heller Schein in unserem Blick,
und was uns froh gemacht, teilen wir aus,
Stern über Bethlehem, schein auch zu Haus.

Lied:
Gott, heilger Schöpfer aller Stern (GL 116, 1.-4. Strophe)

Geschichte:
Ein Kind ist geboren (Jindra Capek)

Vor vielen Jahren wanderten drei wundersame Gestalten durch den tiefen Schnee. Es war eine sternenklare Nacht und Land lag erstarrt unter einer dicken Schneedecke. Die drei Fremden klopften bei einer kleinen Hütte an. Der Hirtensohn Jorim öffnete ihnen. Freudig bat er sie herein ans wärmende Feuer. Sie stärkten sich an dem einfachen Mahl und begannen zu erzählen: „Wir sind drei Sterngucker und kommen von weit her. Sonderbares hat uns ein Stern kundgetan: ein Kind ist geboren, das die Welt durch Liebe verändern wird; Not, Angst, Ungerechtigkeit und Einsamkeit von den Menschen nehmen wird. Der Stern zeigt es deutlich und führt uns. Der Weg ist lang und mühsam, aber wir wollen den neuen König begrüßen."
Früh am nächsten Morgen verabschiedeten sich die drei, der Stern führte sie weiter. Jorim blieb zurück, tief beeindruckt von allem, was er gehört hatte. Ein Kind,

das die Welt verändern wird? Die Welt wird durch Liebe regiert werden? Viele Fragen schwirrten durch seinen Kopf, und in seinem Herzen wuchs der Wunsch, sich auf den Weg zu machen: „Auch ich muß dieses Kind begrüßen. Der Stern zeigt auch mir den Weg.“ Sogleich eilte er ins Dorf und erzählte von seiner Begegnung und der frohen Kunde. Die Freude, die aus ihm strahlte, ergriff auch die anderen. Sie vergaßen die alltägliche Plage und Not sie begannen zu singen und zu tanzen.

„Da, nimm diese Flöte“, sprachen sie zum Abschied. „Das Spiel soll dich und jeden, dem du begegnest, und das Herz des Kindes erfreuen. Erzähl ihm von uns, und trage unsere Hoffnungen zu ihm.“

Sein Weg führte ihn an einem abgelegenen Haus vorbei. Ein alter Mann stand dort und spaltete Holz. Jorim half ihm, und schon bald hatten sie einen Vorrat, der bis weit in den Frühling reichen würde. Auch diesem Mann erzählte er, wohin ihn der Weg führe und welche Hoffnungen er mit sich trug. „Der Winter ist kalt und der Weg sehr weit“, sagte der Alte. „Nimm diese wollene Decke mit, wärme dich und das Kind, und erzähle ihm auch von mir.“

Jorim zog weiter, immer dem Stern nach. Da traf er ein kleines Mädchen. Es hatte sich verirrt und weinte. Jorim tröstete es mit seinem Flötenspiel und half ihm, das Elternhaus zu finden. Glücklich schloß die Mutter ihr Kind in die Arme. Wieder erzählte Jorim von den drei Sterndeutern und dem neugeborenen Kind, das allen Menschen helfen wird. Da gab sie ihm einen Laib frischgebackenes Früchtebrot. „Nimm von dem Brot und bringe davon auch dem Kind. Sag ihm, daß wir es erwarten“, und sie verabschiedeten sich herzlich.

Immer heller leuchtete der Stern, und doch kamen Jorim auf seinem langen Weg manchmal Zweifel. Nicht alle glaubten ihm, oft wurde er sogar ausgelacht.

Wenn sich nun die Sterndeuter geirrt hätten? Was sollte er dann auf dem Weg zurück sagen, wie den enttäuschten Leuten begegnen?

Endlich sah er eine armselige Hütte. Der Stern stand über ihr, und sie erstrahlte in einem wunderbaren Licht. Große Freude erfüllte sein Herz. Zuerst erkannte er die drei Sterndeuter. Neben ihnen waren Hirten, ein Mann und eine Frau, die ein Kind in ihren Armen hielt. Er legte die wollene Decke um die Frau und das Kind, um sie vor der Kälte zu schützen. Dann nahm er das Früchtebrot und verteilte es.

Auf der Flöte spielte er eine Melodie, die vom Elend der Menschen, von ihrer Not, ihrer Einsamkeit erzählte, die aber auch voll war von ihren Hoffnungen.

Alle verstanden ihn.

Der Weg zurück erschien ihm leicht, und wie nie zuvor. Er war froh.

Lied:
Tauet, Himmel, den Gerechten (GL 901, 1. und 2. Strophe)

Geschichte:
Wie die Eulen einen Boten schickten

Die Eulen von Athen hielten sich zu allen Zeiten für besonders klug. Sie waren überzeugt, von allen Dingen mehr als andere zu verstehen. Als sie nun hörten, daß ein Stern erschienen sei, der drei Weise zu einem neugeborenen König führen sollte, schlugen sie das Buch auf, in dem sie alles aufgeschrieben hatten, was sie über Sterne wußten. Aber von einem solchen Stern war da nicht die Rede, und eine Eule sprach mit hochmütiger Miene: „Es sieht so aus, als wären im Morgenland die Wissenschaften im Verfall. Geben wir doch den drei Weisen einen Wink, damit sie sich nicht lächerlich machen vor der Welt!"

Eine jüngere Eule mit kräftigen Flügeln drängte sich vor. „Schickt mich zu den drei Weisen!" bat sie. „Ich werde sie davon überzeugen, daß es für sie besser ist umzukehren." Die anderen Eulen bedachten ihren Vorschlag. Und weil sie sich selber den Flug über das Meer nicht zutrauten, schickten sie die Jüngere auf den Weg.

Die junge Eule flog rasch. Gegen Abend sah sie den Libanon liegen, und dann überquerte sie das jüdische Land. Der neue Stern glänzte in der Dämmerung. Bei sich dachte die Eule: „Von so ungewöhnlichem Licht ist in unseren Berechnungen nicht die Rede." Sie sträubte die Federbüschel über ihren Augen. Doch es war der Stern, der ihr die Richtung angab, und so kam sie sicher bis zu den drei Weisen, die es nicht mehr weit bis nach Bethlehem hatten.

Gleich setzte sie sich König Kaspar auf die Schulter, um auf ihn einzureden. Dem Mohren wurde es bald lästig, und er verjagte die Schwätzerin von seinem Ohr. Auch König Melchior konnte mit dem, was die Eule vorbrachte, nicht das mindeste anfangen. Und König Balthasar sagte: „Wir verstehen sonst immer, was Vögel sagen. Aber ihr Eulen sprecht wohl eine Sprache, die nur für Eulenohren taugt." Die Eule war gekränkt. Sie erklärte den drei Weisen: „Ihr seid im Irrtum, wenn ihr glaubt, ein Stern sei imstande, euch zu einem neugeborenen König hinzuführen."

Sie sprach noch lange so weiter. Schließlich schnitt ihr Kaspar das Wort ab und rief ihr zu: „Wisch doch erst mal den Rost von deiner Stimme!"

Da war sie endlich still. Doch flog sie weiter mit, weil sie über den Ausgang des Abenteuers den anderen Eulen berichten wollte. Sie folgte den Weisen zum Herodespalast und hörte, wie Herodes zu ihnen sagte: „Wenn ihr das Kind gefunden habt, so laßt es mich wissen, damit auch ich ihm meine Krone bringe."

Er macht sich lustig über die Weisen, und sie merken auch das nicht, dachte nun die Eule, und sie zweifelte nicht daran, daß drei Toren aus dem Morgenland unterwegs waren.

Als die Könige weiterziehend Bethlehem erreichten, blieb der Stern über einem Stall stehen. Die Eule sah die Weisen in den Stall eintreten und ihre Kronen vor der Krippe niederlegen, dazu Weihrauch, Gold und Myrrhe. Das fand sie unbegreiflich.

Da sah das Kind die Eule an. Dieser Blick traf sie stärker als der Glanz des neuen Sterns. Alles wurde anders für sie, und sie zögerte, nach Athen zurückzukehren, und suchte sich im Dachgebälk des Stalles einen Winkel, in dem sie keiner sah.

Flötenspiel

Text:
Randnotiz

Das Auftreten eines besonderen Sternes steht als Zeichen für das Weihnachtsereignis!
Wie Menschen auf Sterne reagieren, auch in heutiger Zeit, wird an verschiedenen Beispielen deutlich.

Eine Notiz aus der Tageszeitung: Montag, 12. Dezember

„Der überaus leuchtende Komet, der in der Nacht von Freitag auf Samstag vielerorts gesichtet worden ist und mancherlei Fragen aufgeworfen hat, sei nach Auskunft des Metereologischen Institutes eine im Dezember durchaus übliche Erscheinung. Er gehöre vermutlich zu einem der Meteoritenschwärme, die in diesem Monat niedergingen. Er hätte weder auf das Wetter noch auf Sonstiges irgendeine Auswirkung, sei völlig unbedeutend und harmlos."
So die kurze Notiz in der Zeitung vom Montag auf Seite 3.
Völlig unbedeutend und ohne sonstige Auswirkungen …
- dabei hatte dieser Komet dem Peter Müller bestätigt, daß seine Freundin ihn wirklich liebe, und er konnte seit langem wieder beruhigt schlafen;
- oder zum Beispiel ahnte Frau Becker nichts Gutes bei diesem himmlischen Zeichen und wunderte sich nicht, als ihr am Samstag die Milch überlief, das Auto nicht ansprang und sie obendrein starkes Kopfweh hatte;
- oder zum Beispiel hatte sich die kleine Annemarie rasch gewünscht, daß sich Mami und Papi wieder vertrügen, und diese Gewißheit brachte einen Tag Fröhlichkeit in eine gespannte Familienatmosphäre;
- oder zum Beispiel verwies Pfarrer Wehrmeyer daraufhin in seiner Sonntagspredigt auf das Jüngste Gericht, das nahe bevorstünde, worauf einige brave Gemeindemitglieder beschlossen, sich zu bessern, außerdem war die Kollekte diesmal besonders hoch;
- oder zum Beispiel führte es ein Reporter der Tageszeitung nach dem Lesen dieser Nachricht darauf zurück, daß ihm Texte für einen Bericht flüssig von der Hand gingen, die nicht nur ihn, sondern viele bewegten;

- oder zum Beipiel hatte ein älterer Herr beim Auftreten dieses Kometen gleich die doppelte Anzahl an Lottoscheinen ausgefüllt, und ist nun enttäuscht, daß diese ihm nicht das große Glück gebracht haben;
- oder unterschrieb Herr Kaufmann, in der Hoffnung auf geschäftlichen Erfolg, gleich den Vertrag mit der Firma Sander;

aber wie gesagt, dieser Komet war völlig unbedeutend und harmlos.

Advent – Zeit der Besinnung

7. Adventsfeier

Thema:
Denk' ich an Weihnacht

Verlauf der Adventsfeier

Einleitung:	Advent – Zeit der Besinnung
Text:	Adventskranz
Text:	Adventszeit ist Zeit der Besinnung
Lied:	Herbergssuche
Text:	Herbergssuche
Lied:	Maria durch ein' Dornwald ging
Text:	Klopfen
	(Einzug der Marienstatue)
Lied:	Sagt an, wer ist doch diese (GL 588)
Gebet:	Engel des Herrn
Geschichte:	Der Herbergswirt erinnert sich (Piero Bargellini)
Lied:	Es kommt ein Schiff geladen (GL 114, 1.-3. Strophe)
Text:	Leitgedanken zur Herbergssuche heute
Meditation:	*(anhand von Lichtbildern)*
Lied:	O komm, o komm, Emmanuel (GL 902, 1. und 2. Strophe)
Text:	Felsenharte Bethlehemiten
Lied:	Tauet, Himmel, den Gerechten (GL 901, 1. und 2. Strophe)
Geschichte:	Als das Christkind zum ersten Mal lächelte (Karl Heinrich Waggerl)

Vorbereitungen für die Adventsfeier:

Eine Marienstatue
Altar für die Marienstatue
Dias
Diaprojektor
Leinwand
Kassettenrecorder
Tonband mit angemessener Musik

Einleitung:
Advent – Zeit der Besinnung

Ist Ihnen schon einmal bewußt geworden, daß die Adventswochen als Zeit der Besinnung gedacht sind?
Wenn wir im Leben auf Entscheidendes zugehen, erbitten wir uns meist eine Bedenkzeit. Wir wägen ab, ob es sich lohnt, ob es Sinn hat.
Aber was gibt es im Advent zu bedenken?
Höchstens, daß ich zum Fest ja niemanden vergesse, daß ich alle Geschenke beisammen habe!
Ansonsten wären die meisten froh, wenn der ganze „Rummel" vorbei ist. Ja, über die Weihnachtsgeschäftigkeit haben wir weithin den Anlaß des Festes vergessen.
Anlaß ist ein Geburtstag, nach dem immer noch unsere Jahre zählen: „nach Christi Geburt".
Weil Gott an diesem Tage ein Menschenkind wurde, ist sein Geburtstag das aufregendste Ereignis der Menschheitsgeschichte. Ist uns bewußt, was das heißt!? Was das für mein persönliches Leben und Sterben bedeutet? Mit diesem Jesus ist alles anders geworden als vorher. Mit Ihm hat unsere absolute Zukunft begonnen.
Unseretwegen – um unseres Heiles willen, ist Er Mensch geworden, hat Er gelitten und ist begraben worden. Unseretwegen wurde Er auferweckt und sitzt nun „zur Rechten des Vaters".
Advent heißt „Ankunft" – Ankunft des Herrn auf Erden.
Advent ist Erinnerung und Erwartung, Vergangenheit und Zukunft. Unsere Erwartung wird hingelenkt auf die zweite Ankunft des Herrn am Ende der Tage. Auch in unserer Zeit warten die Christen wie einst das Volk Israel auf den, der einst kommen soll in großer Herrlichkeit: Jesus, der Christus!
So ist der Advent geprägt von erwartungsvoller Vorfreude. Wenn an den Adventssonntagen eine Kerze nach der anderen angezündet wird und das Licht von Woche zu Woche heller scheint, dann soll in den Menschen die Vorfreude auf die Ankunft Jesu Christi wachsen.

Wir erwarten die Ankunft Jesu Christi –
wir warten auf Weihnachten.
Es ist Weihnachten, wenn alle bereit sind für das Fest.
Weihnachten heißt, mit Hoffnung leben.
Wenn sich Menschen die Hände zur Versöhnung reichen,
wenn der Fremde aufgenommen,
wenn einer dem anderen hilft, das Böse zu meiden und das Gute zu tun,
dann ist Weihnachten.
Weihnachten heißt: die Tränen trocknen, das, was du hast, mit anderen zu teilen;
Jedesmal, wenn die Not eines Unglücklichen gemildert ist, wird Weihnachten.
Jeder Tag auf Erden kann Weihnachten sein.

Jedesmal, wenn einer dem anderen Liebe schenkt,
wenn Herzen zufrieden und glücklich sind, ist Weihnachten.
Dann steigt Gott wieder vom Himmel herab und bringt das Licht!

Text:
Adventskranz

(Abwechselnd wird ein Text vorgelesen und eine Strophe von dem Lied „Wir sagen euch an den lieben Advent" (GL 115) gesungen)

Vier Kerzen hat unser Adventskranz.
Tausend Lichter müßte er haben, um all die
Finsternis aufzuhellen, die sich um uns
ausbreitet.

Das erste Licht
brennt für die Freiheit.
Für eine Woche soll es die pechschwarze Nacht
der Bindungslosigkeit für uns ausleuchten,
die in Machtstreben, Besitzgier und
Terrorismus gleichermaßen wuchern.

Das zweite Licht
brennt für die Gerechtigkeit.
Es soll uns daran erinnern, daß jeder Bissen,
den wir essen, und jeder Pfennig, den wir unnütz
ausgeben, andere Menschen buchstäblich das
Leben kosten kann.

Das dritte Licht
brennt für die Menschenwürde.
Wir zünden ein Licht an in Verbundenheit mit Millionen
von Brüdern und Schwestern, die irgendwo auf der
Welt geschnitten, verachtet, unterdrückt, ausgebeutet
und gefoltert werden. Es brennt auch für den
gehänselten Gastarbeiter von neben an.

Das vierte Licht
brennt für die Liebe.
Vier Kerzen sind angezündet.
Alles Bisherige wird zusammengefaßt in der
Bereitschaft zur Liebe. Weihnachten ist angebrochen
für ein weiteres, rundes Jahr.

Text:
Adventszeit ist Zeit der Besinnung

So haben wir uns bei der Vorbereitung dieser Adventsfeier Gedanken gemacht: Worauf besinnen wir uns besonders?
Da heute schon der vierte Advent ist, fanden wir es sinnvoll, über die Herbergssuche nachzudenken. Bei dem Evangelisten Lukas steht: "So zog auch Josef von der Stadt Nazareth in Galiläa hinauf nach Judäa in die Stadt Davids, die Bethlehem heißt, denn er war aus dem Haus und Geschlecht Davids."
Und weiter heißt es: „Sie wickelte ihn in Windeln und legte ihn in eine Krippe, weil in der Herberge kein Platz für sie war."
Josef zog mit Maria, die ein Kind erwartete, das der Welt Frieden und Heil, Freude und Gerechtigkeit bringen sollte, nach Bethlehem. Es war ein beschwerlicher Weg über die Galiläischen Berge von Nazareth und Bethlehem. Mit einem Esel waren sie unterwegs. Das Gelände war unwegsam, steinig und karg. Das Ziel des Weges war ihnen bekannt. Doch die Familie aus dem Geschlechte Davids, aus königlichem Geschlecht, fand bei den Menschen in Bethlehem keine Aufnahme, keine Herberge. Ein Stall bot Schutz in der kalten Nacht.
Es wird schon so gewesen sein, daß sie an vielen Türen geklopft und in vielen Wirtshäusern nachgefragt haben, aber nirgends war eine Herberge für sie. Zudem waren sie wahrscheinlich einfach gekleidet und ebenso wollte man ein unbekanntes Paar nicht aufnehmen.
Man müßte selbst einmal erlebt haben, kein Zimmer oder keine Schlafstelle für die Nacht zu haben. Was muß das bedeutet haben: „denn in der Herberge war kein Platz für sie"?

Lied:
Wer klopfet an?

Text:
Herbergssuche

Stellen wir uns einmal vor: Morgen in der Dämmerung läutet es an der Haustür. Draußen steht ein junges Paar, nicht gut gekleidet. Die junge Frau, fast noch ein Mädchen, ist offensichtlich schwanger. Sie fragen nach Nachtquartier. Was würden wir tun? Da wäre ja wohl die Caritas oder das Sozialamt für zuständig.
Hätten die Wirte von damals auch nur geahnt, wen sie da abwiesen, hätten sie geahnt, daß ihr Haus zur Geburtsstätte des Gottessohnes würde, so hätten sie ohne Zweifel sogleich die roten Teppiche ausgelegt.

In Bayern und Österreich existiert ein alter Brauch, das Herbergesuchen. Es soll an jenes vergebliche Suchen des heiligen Paares in Bethlehem erinnern. Die Statue der Mutter Gottes wird in der Adventszeit von Haus zu Haus getragen. Jede Familie beherbergt die Gottesmutter für eine Nacht und schmückt sie mit Blumen und Kerzen, um ihr so all die Ehre und Liebe zu erweisen, die ihr in Bethlehem nicht zuteil wurde.
Die Legio Mariä hier aus Sythen hat diesen Brauch aufgegriffen. Seit dem ersten Adventssonntag ist die Mutter Gottes symbolisch auf Herbergssuche. Sie wird von Haus zu Haus, von Familie zu Familie gebracht.
Für den heutigen Abend wollen wir die Mutter Gottes bei uns aufnehmen und ihr Herberge gewähren.

Lied:
Maria durch ein' Dornwald ging

Text:
Klopfen

Einzug der Marienstatue durch Legio Mariä (Antwort wird gemeinsam gesprochen)

Ansager: Advent liegt wieder über dem Land, die Kerzen sind entbrannt.
Maria und Josef, mit diesen beiden, wollen wir durch diese Tage schreiten; laßt helfend uns das Paar begleiten, dem Kinde Herberge zu bereiten.
Maria, sei uns willkommen, du wirst in Freuden hier aufgenommen.
Bleib bei uns an dem kalten Tag, auf daß kein Leid geschehen mag.

(Klopfen)

KAB: Wer ist da? Herein bitte! *(Statue wird gebracht)*

Legio: Wir begleiten die Muttergottes auf der Herbergssuche und fragen, ob ihr sie heute abend aufnehmen wollt?

KAB: Wir tun es mit Freuden und danken Euch, daß Ihr an uns gedacht habt. Die Freude wollen wir alle in dem folgenden Gebet ausdrücken.

Alle: Gruß dir, Mutter, in Gottes Herrlichkeit,
Mutter Gottes, Mutter der Christenheit,
Stern der Hoffnung und Quell der Seligkeit,
Gruß dir, Mutter, reich an Barmherzigkeit, o Maria.

Du, Maria, bist Gottes treue Magd,
hast auf sein Wort im Glauben ja gesagt.
Selig bist du, weil du ihm vertraut,
du Magd des Herrn, du Mutter, du Braut, o Maria.

Gott der Vater schuf dich nach Seinem Plan.
Es nahm der Sohn aus dir Menschheit an.
Die Kraft des Geistes hat dich ganz erfüllt;
die Liebe Gottes ist in dir enthüllt, o Maria.

Lied:
Sagt an, wer ist doch diese (GL 588, 1.-3. Strophe).

(Währenddessen wird die Statue auf den Altar gestellt)

Gebet:
Engel des Herrn

Vorbeter: Der Engel des Herrn brachte Maria die Botschaft,

Alle: und sie empfing vom Heiligen Geist.

Vorbeter: Maria ist eine Frau, die ganz offen ist.
Sie ist offen für die Botschaft des Engels.
Sie ist offen, aufzunehmen, anzunehmen, was ihr geschenkt wird.
Sie ist offen, Jesus zu empfangen.
Deshalb gehört ihr unser Dank und unser Gruß.
Gegrüßet seist du, Maria, voll der Gnade, der Herr ist mit dir.
Du bist gebenedeit unter den Frauen, und gebenedeit ist die Frucht deines Leibes, Jesus.

Alle: Heilige Maria, Mutter Gottes, bitte für uns Sünder
jetzt und in der Stunde unseres Todes. Amen.

Vorbeter: Maria sprach: Siehe, ich bin die Magd des Herrn;

Alle: mir geschehe nach deinem Wort.

Vorbeter: Maria ist eine Frau, die ganz bereit ist.
Sie ist bereit, die Botschaft des Engels zu glauben.
Sie ist bereit, Gottes Willen in sich geschehen zu lassen.
Sie ist bereit, sich für Jesus zu bereiten.
Deshalb schenken wir ihr unseren Dank und unseren Gruß:
Gegrüßet seist du, Maria, ...

Vorbeter: Und das Wort ist Fleisch geworden

Alle: und hat unter uns gewohnt.

Vorbeter: Maria ist eine Frau, die ganz voll Leben ist.
Sie ist voll Leben, als Jesus in ihr wächst.
Sie ist voll Leben, als sie Jesus das Leben schenkt.
Sie ist voll Leben, als sie Jesus auf seinem Lebensweg begleitet.
Deshalb hört sie unseren Dank und unseren Gruß:
Gegrüßet seist du, Maria, ...

Vorbeter: Maria schenkt uns das Leben. Maria schenkt uns das Leben.
Deshalb dürfen wir sie bitten, die Mutter des Lebens:
Bitte für uns, heilige Gottesmutter,

Alle: daß wir würdig werden der Verheißungen Christi

Vorbeter: Lasset uns beten:
Allmächtiger Gott, gieße Deine Gnade in unsere Herzen ein.
Durch die Botschaft des Engels haben wir die Menschwerdung Christi, Deines Sohnes erkannt. Laß und durch Sein Leiden und Kreuz zur Herrlichkeit der Auferstehung gelangen.
Darum bitten wir durch Christus unsern Herrn.
Amen.

Besinnungspause mit gedämpfter Musik

Geschichte: Der Herbergswirt erinnert sich (Piero Bargellini)

Ich will versuchen, ob ich mich noch zurückerinnern kann. Man kann sich ja wirklich nicht alle Gäste merken. Und noch dazu in jenen Tagen, in denen alles drunter und drüber ging.
Meine Herberge stand an den Toren von Bethlehem, an der Straße, die von Nazareth herüberführt.
Ich kann ohne Übertreibung sagen, daß es die erste Herberge der Stadt war.
Sie war wie ein großer quadratischer Hof angelegt und von Säulengängen umgeben.
Die Reisenden traten in diesen Hof ein und suchten sich ihren Platz unter dem Säulengang. Ihr Pferd oder ihren Esel banden sie an einem Eisenring fest.
Ich rief indessen nach den Knechten, die ein ordentliches Bündel duftendes Heu für die Tiere und einen Bund gut trockenes Stroh für die Menschen herbeibrachten. Erstklassiges, goldgelbes, noch nie benutztes Stroh! Mitten im Hof stand der Ziehbrunnen. Die Diener schöpften daraus das Wasser, damit die Reisenden sich die Füße waschen konnten.

Bei Nacht, vor allem im Winter, fehlte es ihm Hof nie an einem schönen Feuer. Konnte man es wohl noch bequemer haben?
Ein Teil des Säulenganges, der durch Wände und Vorhänge abgeschlossen war, bildete einige „Einzelzimmer". Aber die gehörten nur für besondere Gäste!
Bei den Mahlzeiten verzehrten die Reisenden ihre Vorräte, unter dem Säulendach im Kreise auf dem Stroh herumsitzend.
Ich lieferte guten Wein und vortreffliches Brot. Bethlehem wurde „das Haus des Brotes" genannt. Rings um das Städtchen breiteten sich Gerstenfelder, soweit das Auge reichte, und in meinem Backofen wurden ausgezeichnete Laibchen gebacken, Gerstenbrot von bester Beschaffenheit! Ja, jetzt erinnere ich mich, aber wie gesagt, es ist nicht leicht, sich alle Gäste zu merken. Und obendrein die Gäste jener Tage!
Diese Unruhe! Dieses Hin und Herr! Augustus, der große römische Kaiser, hatte ein Edikt über die Volkszählung erlassen. Er wollte wissen, wie viele Bürger sein riesengroßes Reich bevölkerten. Auch Palästina stand unter seiner Herrschaft.
Wir Juden hatten einen eigenen König, das ist schon richtig. Er hieß Herodes und hielt in Jerusalem, der Hauptstadt des Reiches, seinen Hof. Aber über ihm war der römische Kaiser, der mehr zu sagen hatte als er. Man mußte gehorchen. Darum kehrten alle an ihren Heimatort zurück, um sich in die Liste ihres Stammes eintragen zu lassen.
Wie gesagt, das waren Tage, die einen großen Zulauf, viel Durcheinander und, das muß ich freilich auch zugeben, viel Gewinn brachten.
Der Hof war voll von Tieren und Menschen. Die Knechte konnten kaum alle bedienen. Schon waren wir bei den letzten Gabeln Heu, und was das Stroh anlangt, so muß ich zu meiner Schande gestehen, daß ich oft gezwungen war, das bereits gebrauchte wieder auszugeben. Das gehört sich nicht, ich weiß es, aber was hätte ich sonst tun sollen?
An einem Abend war es, als die Nacht schon hereinbrach. Die Knechte sagten, daß an der Türe zwei neue Gäste stünden. Ich schaute schnell herum. Unter dem Säulendach traten die Leute einander auf die Füße. Ich fragte die Knechte: „Was für Leute sind es? Personen von Stand?" Sie schüttelten die Köpfe. „Arme", erwiderten sie, „ein Arbeiter und eine Frau auf einem Esel."
„Wenn sie sich in eine Ecke legen wollen", sagte ich und deutete auf die von Menschen wimmelnden Säulengänge.
„Sie möchten eine eigene Kammer", erhielt ich zur Antwort.
„Dann schickt sie mit Gott weiter. Eine schöne Zumutung, eine eigene Kammer zu solchen Zeiten und für arme Leute!"
„Die Frau ist müde und krank", sagte der alte Knecht.
„Da kann ich nicht helfen. Ich bin auch müde. Ich kann nicht mehr. Wenn es gute Gäste gewesen wären! Aber bei manchen Leuten büßt man oft noch das Stroh ein."
Die Knechte waren unsicher. Da trat ich vor die Tür. „Es tut mir leid", sagte ich so freundlich als möglich. „Es tut mir leid, aber es ist kein Platz. Mit dieser verwünschten Volkszählung! Seid Ihr auch wegen diesem Edikt da?"
„Ja", antwortete mir der Mann, der wie ein richtiger Arbeiter aussah.

„Aus was für einer Familie seid Ihr?“
„Aus der Familie Davids.“
Ich schaute ihn überrascht an. Die Familie des alten Propheten war eine königliche Familie.
„Und habt Ihr keine Verwandten in der Stadt?“
Der Mann schlug die Augen nieder. Ich blickte auf die Frau, die in sich versunken auf dem Esel saß. Was für ein bleiches, schönes Gesicht! Unter der Decke, die über ihre Schulter fiel, schien in der Dämmerung ein Licht von ihr auszugehen.
„Es tut mir leid“, sagte ich noch einmal, „aber es ist kein Platz. Nicht einmal im Hof; und an eine eigene Kammer ist gar nicht zu denken.“
„Meine Frau ist krank“, sagte der Mann bescheiden.
Ich schaute sie noch einmal an. Sie senkte die Wimpern.
„Hört“, sagte ich zu ihnen, „wenn ihr allein bleiben und eine Nacht unter Dach verbringen wollt, so gebe ich euch einen Rat. Am Seitenhang des Hügels sind ein paar Grotten, die als Ställe gebraucht werden. In Ermangelung von etwas Besserem können sie als Schlafkammern gelten. Nichts für ungut! So könnt Ihr auch das bißchen Geld noch sparen.“
Die beiden sagten kein Wort. Der Mann zog den Esel am Halfter, der sich hinkend in Bewegung setzte. Der Lichtschein, der von dem leidenden Frauengesicht ausging, verschwand im Dunkel.
Ich blieb an der Türe stehen und lauschte auf das müde Getrappel des Esels, das immer ferner klang. Eine große Traurigkeit überfiel mich. Ich hätte sie am liebsten zurückgerufen. Aber wie hätte ich sie denn beherbergen sollen? Ich versichere euch, daß unter dem Säulendach kein Platz mehr war, und an eine eigene Kammer war doch nicht zu denken.
Bei alledem war ich traurig. Ich ging wieder hinein. Es lag mir wie ein Stein auf dem Herzen.

Lied:
Es kommt ein Schiff geladen (GL 114, 1.-3. Strophe)

Text:
Leitgedanken zur Herbergssuche heute

Die Herbergssuche der Hl. Familie soll uns daran erinnern, daß auch in unserer Zeit Herbergssuchen im übertragenen Sinne an der Tagesordnung sind.
Herbergssuche in diesem Sinne bedeutet die Suche nach Geborgenheit, nach Liebe und Verständnis; die Suche nach einem offenen Herzen – nicht nur nach einer offenen Hand!

Jeder von uns ist der „Herbergswirt“ und Tag für Tag werden wir angesprochen, Herberge zu geben. Doch all zu oft sind wir abweisend – bieten nicht einmal einen Stall.
In jedem Menschen steht die Hl. Familie vor uns – nur wir erkennen sie nicht.

Meditation:
(anhand von Lichtbildern)

1. An der Kasse

Musik

Überall weihnachtet es, – seit Wochen schon! In den Städten und Dörfern, auf Straßen und Plätzen, in den Familien und Geschäften. Vor allem aber in den Geschäften: Alle Jahre wieder ist Weihnachten, die Zeit der großen Einkäufe und Spitzen-Umsätze. Auf der Suche nach passenden Geschenken drängen sich die Käuferscharen durch die Läden. Schließlich will man an Weihnachten zeigen, was man zu bieten hat.
Nicht nur die Familie wird bedacht, auch die Freunde und Bekannten, die einem lieb und teuer sind, werden beschenkt. Nur dort, wo man nicht auf Gegenliebe hoffen kann, lohnt sich der Aufwand nicht. Die Geschäftswelt profitiert von diesem weihnachtlichen Geschenke-Austausch. Mancher Verkaufsmanager mag sogar angesichts seiner Tages-Höchsteinnahmen denken, daß Weihnachten die beste Erfindung für den Handel sei.
Aber ist denn Weihnachten nicht das Geburtsfest des Heilandes? Damals, bei der Geburt Jesu, wurden auch Geschenke dargebracht: Gold, Weihrauch und Myrrhe. Die Schenkenden von damals haben ein Kind armer Eltern beschenkt. Sie konnten auf keine Gegengabe hoffen. Und doch hat jenes ärmliche Wickelkind viele beschenkt.

2. Flöte und Noten

Gesang

O du fröhliche, o du selige, gnadenbringende Weihnachtszeit! Weihnachten ist eine fröhliche Zeit. Der Klang der Advents- und Weihnachtslieder bestätigt es uns. Menschen singen in dieser Zeit mehr Lieder als in irgendeiner anderen Zeit im Jahr.
Man sehnt sich danach, die Weihnachtszeit fröhlich zu verleben. Es gibt Feste im Verein, im Geschäft und in der Familie. Man kommt miteinander ins Gespräch, redet über das Wetter, die Politik, über die schlanke Linie, den Geschäftserfolg oder das Gedeihen der Kinder. An solchem Gesprächsstoff fehlt es auch an Weihnachten nicht.
Man hat sich viel zu sagen und doch nichts zu sagen.

Aber gäbe es nicht etwas Wichtigeres zu sagen, wenn wir auf den schauten, auf den das Weihnachtsfest zurückgeht? Wir hätten kein Weihnachtsfest, wenn jener Engel damals nicht in das Dunkel dieser Menschenwelt hineingerufen hätte: Fürchtet euch nicht, denn siehe, ich verkündige euch große Freude. Denn euch ist heute der Heiland geboren ...

Musik

3. Mutter und Kind

Gesang

Hunger in der Dritten Welt. Dieses Problem wird auch in den kommenden Jahren und Jahrzehnten aktuell bleiben. Etwa zwei Drittel der Weltbevölkerung hungert sich durchs Leben, während sich ein Drittel infolge Überernährung mit Abmagerungskuren beschäftigt. Eine merkwürdige Welt!
Aber sind Hungersnöte wirklich ein unabwendbares Schicksal, Wohlstand dagegen ein verdientes Glück? Ernährungswissenschaftler glauben: Alle Menschen der Erde könnten ausreichend mit Nahrung versorgt werden, wenn die zur Verfügung stehende Ackererde wirtschaftlicher genutzt würde. Sie glauben auch, die Lebensmittelversorgung in den Ländern der Dritten Welt könnte großzügiger und gerechter als bisher gefördert werden.
Die Frau auf dem Bild repräsentiert zwei Drittel der Menschheit. Ihr Kind leidet noch keine Not, – doch eine Mutter gibt ihrem Kind, bis sie selbst dem Hungertod nahe ist. In unserer hochtechnisierten Welt sollte es doch möglich sein, das Hungerproblem zu lösen. Gehen wir den Ursachen auf den Grund: Stärken wir unser Verantwortungsbewußtsein, ob in der Wirtschaftsplanung, in der Politik oder in den zwischenmenschlichen Beziehungen ganz allgemein.
Wann werden wir endlich in einer Welt gerechterer Zustände leben?

Gesang

4. Ehepaar

Musik

Dieser Mann auf dem Bild wird mit Sicherheit kein fröhliches Weihnachtsfest erleben. Seine Firma hat ihm überraschend gekündigt. Ist das nun der Höhepunkt seiner beruflichen Laufbahn? Jahrelang hatte er gelernt, nach seiner Grundausbildung noch das Technikum besucht. Mit diesem Abschluß verdiente er recht gut. Früher als andere konnte er nach seinen Vorstellungen leben: Frau, Kinder, Einfamilienhaus, Auto, Freundeskreis, Ferien im Ausland. Nun steht er vor dem Nichts. Ersparnisse hat er keine, er sorgt sich um seine Verpflichtungen: die Familie, die Hypothekenzinsen und, und ...

Aber nicht nur ihm wurde gekündigt. Tausende hat das gleiche Schicksal getroffen.

Ist es Zufall, daß seine Frau ihn an diesem Abend im Betrieb abgeholt hat? Noch nie hat sie ihren Mann so verzweifelt, so niedergeschlagen erlebt. Um den ersten Schock vor den Kindern zu verbergen, ziehen sie sich in den Winkel eines Restaurants zurück. Dort beraten sie, ohne viele Worte. Sie versucht, ihn zu trösten: Ich bin ja auch noch da! Ich kann ja arbeiten gehen, und du bleibst bei den Kindern. – Ich bin ja auch noch da!

Füreinander da sein, nicht nur im Wohlstand, sondern auch im Mißstand! Das ist möglicherweise das Weihnachtserlebnis dieser beiden Menschen: Füreinander dasein!

5. Liegender Junge

Musik

Weihnachtszeit – für diesen Jungen kein Grund zur Freude. Familie und Freundeskreis bedeuten für ihn nicht Geborgenheit und Glück. Er fühlt sich von niemandem verstanden und zieht sich zurück in seine eigene Welt. In seinem Zimmer hängt die Wunschwelt an den Wänden – zum Greifen nah.

Aber wie läßt sich für ihn die Welt der Wünsche mit der Welt der Wirklichkeit vereinbaren? Es sind nicht nur die beruflichen Anstrengungen, die ihn müde machen. Es sind die Anforderungen, die seine Umwelt, Werbung, Film und Fernsehen, Freunde und Idole an ihn stellen, die ständige Entscheidung zwischen Verzichten und Genießen; die Schwierigkeit, das eigene Lebensgefühl richtig einzuschätzen.

Musik

6. Alter Mann

Gesang

Die alten Straßen noch, die alten Häuser noch – die alten Freunde aber findet dieser Mann nicht mehr. Hat er noch keine Familie, die sich um ihn kümmert? Menschen seines Alters klagen oft über Einsamkeit. Nicht alle verkraften den Ruhestand, den Abschied vom Arbeitsleben. Sie fühlen sich wie ausgeschlossen.

Andere wiederum freuen sich, endlich Zeit für Familie und Freunde zu haben. Sie erleben, daß Freundschaft und Gemeinschaft keine Altersgrenze haben.

Musik

7. Alte Frau

Musik

Seit 20 Jahren lebt diese Frau mit ihrer Krankheit. Lähmung des linken Beins war damals die Diagnose der Ärzte. Keine Hoffnung auf Genesung. Mit der Krankheit leben, – tagein, tagaus. Es ist oft schwer, dazu Ja zu sagen. Manchmal ist sie ganz einsam. Ihr einziger Gesprächspartner ist der kleine Vogel im Käfig. Aber manchmal kommen Bekannte und versuchen, sie in ihrer Einsamkeit aufzumuntern.

Es ist eigenartig: Die kranke Frau spürt nicht selten, daß gerade der Besucher Trost braucht. Gereift durch die eigene Krankheit, vermag sie dann andere wieder aufzumuntern. Und so wird mancher Krankenbesuch zur gegenseitigen Stärkung.

Gerade in der Adventszeit spüren wir das Bedürfnis, kranke Mitmenschen zu besuchen. Sind wir in der Lage, Trost zu spenden? Brauchen wir vielleicht selber Trost? – Wo bleibst du, Trost der ganzen Welt?

Musik

8. Geschenke unter dem Weihnachtsbaum

Musik

In wenigen Tagen ist Weihnachten. Alle Vorbereitungen für das Fest sind getroffen. Sich freuen, Freude bereiten, das sind unsere Gedanken. Die Kinder werden sich über die Geschenke und den Weihnachtsbaum freuen. Wir werden uns mit den Großeltern über die Kinder freuen.

Freuen wir uns wirklich auf Weihnachten? Oder gehören wir zu denen, die sich vor dem Fest fürchten? Vielleicht, weil wir allein sind? Oder weil wir gerade Weihnachten spüren, wie wenig die Worte mit den Taten übereinstimmen? Erwarten wir von Weihnachten gutes Essen und Trinken, zusätzliche Ferientage und Vergnügen – oder mehr? Was wir auch einander zu bieten haben, Mittelpunkt bleibt jenes Kind in der Krippe.

Musik

Lied:
O komm, o komm, Emmanuel (GL 902, 1. und 2. Strophe)

Text:
Felsenharte Bethlehemiten

Sprecher: Felsenharte Bethlehemiten,
wie könnt ihr so grausam sein
und Maria auf ihr Bitten
nicht den kleinsten Platz verleihn?

Alle: Wärst Du Herr, bei uns gekommen,
hättest Einlaß hier begehrt,
hätten wir Dich aufgenommen?
Oder Dir das Haus verwehrt?

Sprecher: Felsenharte Bethlehemiten,
ihr wohnt gar nicht weit von hier.
Längst lebt ihr in unserer Mitten.
Felsenhart, gilt das auch mir?

Alle: Hundertmal, Herr, bist Du gekommen,
hungertest, warst fremd im Land.
Haben wir Dich angenommen,
haben wir Dich je erkannt?
Brennt mit tausend Flammen, ihr Kerzen,
brennt das Felsenharte aus,
daß wir öffnen unsere Herzen,
nicht verschließen unser Haus.

Sprecher: Daß der Mensch durch unsere Hände
nicht mehr hungert, nicht mehr friert,
daß sich Not und Elend wende,
daß es endlich Friede wird.

Alle: Felsenharte Bethlehemiten
wollen wir nicht länger sein.
Jesu Geist wolln wir erbitten,
Er wird Mut und Kraft verleihn.

Lied:
Tauet, Himmel, den Gerechten (GL 901, 1. und 2. Strophe)

Geschichte:
Als das Christkind zum erstenmal lächelte (Karl Heinrich Waggerl)

Der bekannte österreichische Autor erzählt, was sich im Stall von Bethlehem zugetragen haben könnte.

Als Josef mit Maria von Nazareth her unterwegs war, um in Bethlehem anzugeben, was die Obrigkeit so gut wie unsereins hätte wissen können, weil es ja länger geschrieben stand – um jene Zeit also kam der Engel Gabriel heimlich noch einmal vom Himmel herab, um im Stall nach dem Rechten zu sehen. Es war ja sogar für einen Erzengel in seiner Erleuchtung schwer zu begreifen, warum es nun der allererbärmlichste Stall sein mußte, in dem der Herr zur Welt kommen sollte, und seine Wiege nichts weiter als eine Futterkrippe. Aber Gabriel wollte wenigstens noch den Winden gebieten, daß sie nicht gar zu grob durch die Ritzen pfiffen, und die Wolken am Himmel sollten nicht gleich wieder in Rührung zerfließen und das Kind mit ihren Tränen überschütten, und was das Licht in der Laterne betraf, so mußte man ihm noch einmal einschärfen, nur bescheiden zu leuchten und nicht etwa zu blenden und zu glänzen wie der Weihnachtsstern.

Der Erzengel stöberte auch alles kleine Getier aus dem Stall, die Ameisen und Spinnen und die Mäuse, es war nicht auszudenken, was geschehen konnte, wenn sich die Mutter Maria vielleicht vorzeitig über eine Maus entsetzte! Nur Esel und Ochs durften bleiben, der Esel, weil man ihn später ohnehin für die Flucht nach Ägypten zur Hand haben mußte, und der Ochs, weil er so riesengroß und so faul war, daß ihn alle Heerscharen des Himmels nicht hätten von der Stelle bringen können.

Zuletzt verteilte Gabriel noch eine Schar Engelchen im Stall herum auf den Dachsparren, es waren solche von der kleinen Art, die fast nur aus Kopf und Flügeln bestehen. Sie sollten ja bloß still sitzen und achthaben und sogleich Bescheid geben, wenn dem Kind in seiner nackten Armut etwas Böses drohte. Noch ein Blick in die Runde, dann hob der Mächtige seine Schwingen und rauschte davon.

Gut so. Aber nicht ganz gut, denn es saß noch ein Floh auf dem Boden der Krippe in der Streu und schlief. Dieses winzige Scheusal war dem Engel Gabriel entgangen, versteht sich, wann hatte ein Erzengel je mit Flöhen zu tun!

Als nun das Wunder geschehen war und das Kind lag leibhaftig auf dem Stroh, so voller Liebreiz und so rührend arm, da hielten es die Engel unterm Dach nicht mehr aus vor Entzücken, sie umschwirrten die Krippe wie ein Flug Tauben. Etliche fächelten dem Knaben balsamische Düfte zu, und die anderen zupften und zogen das Stroh zurecht, damit ihn ja kein Hälmchen drücken und zwicken möchte.

Bei diesem Geraschel erwachte aber der Floh in der Streu. Es wurde ihm gleich himmelangst, weil er dachte, es sei jemand hinter ihm her wie gewöhnlich. Er fuhr in der Krippe herum und versuchte alle seine Künste, und schließlich, in der äußersten Not, schlüpfte er dem göttlichen Kind ins Ohr.

„Vergib mir!“ flüsterte der atemlose Floh, „aber ich kann nicht anders, sie bringen mich um, wenn sie mich erwischen. Ich verschwinde gleich wieder, göttliche Gnaden, laß mich nur sehen, wie!“
Er äugte also umher und hatte auch gleich seinen Plan. „Höre zu“, sagte er, „wenn ich alle Kraft zusammennehme und wenn Du still hältst, dann könnte ich vielleicht die Glatze des heiligen Josef erreichen, und von dort weg kriege ich das Fensterkreuz und die Tür ...“ „Spring nur“, sagte das Jesuskind hörbar, „ich halte stille!“ Und da sprang der Floh. Aber es ließ sich nicht vermeiden, daß er das Kind ein wenig kitzelte, als er sich zurechtrückte und die Beine unter den Bauch zog.
In diesem Augenblick rüttelte die Mutter Gottes ihren Gemahl aus dem Schlaf. „Ach, sieh doch“, sagte Maria selig, „es lächelt schon!“

„Tauet, Himmel, den Gerechten“

„Tauet, Himmel, den Gerechten, Wolken, regnet ihn herab!“
rief das Volk in bangen Nächten, dem Gott die Verheißung gab:
einst den Mittler selbst zu sehen und zum Himmel einzugehen,
denn verschlossen war das Tor, bis der Heiland trat hervor.

Gott erhört' der Völker Flehen auf dem hohen Himmelsthron;
ließ uns seine Gnade sehen, sandte uns den ewgen Sohn.
Und sein Engel kam hernieder, brachte diese Botschaft wieder:
„Sieh, ich bin des Herren Magd, mir gescheh, wie du gesagt!“

Text: Michael Denis 1774
Melodie: Johannes Rosenmüller 1684
Diözesananhänge des „Gotteslob“

Johannes der Täufer. Sandsteinfigur im Dom zu Münster

8. Adventsfeier

Thema:
Bereitet den Weg des Herrn

Verlauf der Adventsfeier

Lied:	Wir sagen euch an den lieben Advent (GL 115, Strophen nach Anzahl der zu entzündenden Kerzen)
Einleitung:	Bereitet den Weg des Herrn
Musikstück	
Meditation:	4 Vorträge
Lied:	Laut dein Lob wir heben an (GL 904, 1.-3. Strophe)
Rollenspiel:	Johannes der Täufer
Lied:	Wachet auf, ruft uns die Stimme (GL 110, 1. und 2. Strophe)
Gebet:	Gebet um Freude (Ellen Bucher)
Musikstück	
Text:	Sinnbild der Steine
Geschichte:	Die Legende vom steinharten Herzen
Lied:	Tauet, Himmel, den Gerechten (GL 901)

Vorbereitungen für die Adventsfeier:

Jeder Teilnehmer bekommt als Symbol einen kleinen Stein, den er anschließend mit nach Hause nehmen kann. Die Steine wurden beschriftet mit „Advent 19..“

Lied:
Wir sagen euch an den lieben Advent (GL 115, Strophen nach Anzahl der zu entzündenden Kerzen)

Einleitung:
Bereitet den Weg des Herrn

Unserer diesjährigen Adventsfeier haben wir den Leitgedanken

„Bereitet den Weg des Herrn"

zugrundegelegt. Johannes der Täufer war der Wegbereiter des Herrn, der Rufer in der Wüste.
Wer war Johannes der Täufer?
Aus der Hl. Schrift wissen wir über die Besonderheiten seines Lebens. Seine bislang kinderlosen Eltern standen schon in vorgerücktem Alter, als ein Engel des Herrn ihnen die Geburt eines Sohnes ankündigt. Eine nach menschlichem Verständnis gänzliche Unmöglichkeit. Der Engel verheißt, daß ihm der Name Johannes gegeben werden sollte und er groß sein werde vor dem Herrn und vor ihm hergehen werde in Geist und Kraft des Propheten Elias.
Als Zeichen der Wahrhaftigkeit dieser Ankündigung wird Zacharias, der Vater, stumm. Elisabeth, seine Mutter, lebt seit der Empfängnis im Verborgenen. Im sechsten Monat ihrer Schwangerschaft erhält sie Besuch von der zukünftigen Gottesmutter Maria. Ihre Lobpreisungen beten wir im wunderbaren Hochgesang des „Magnificat". Nach der Geburt, bei der Beschneidung des Knaben, verwundern sich die Nachbarn und Verwandten darüber, daß die Eltern voneinander unabhängig den Namen „Johannes" wünschen, weil niemand aus der Verwandtschaft einen solchen Namen trägt. Im gleichen Augenblick aber konnte Zacharias wieder reden.
In Erfüllung der Verheißung des Engels und der Reden des Propheten Jesaja zieht Johannes in die Wüste, lebt ärmlich und bescheiden und predigt allen Menschen Buße und Umkehr und tauft sie zur Vergebung der Sünden. Ohne Scham und Rücksicht auf Macht und gesellschaftliche Stellung hielt er ihnen ihre Sündhaftigkeit vor. Weil er auch dem Herodes Vorwürfe machte, geriet er in Gefangenschaft.
Johannes wurde vor allem von Herodias gehaßt, weil er versuchte, Herodes davon zu überzeugen, daß es nicht erlaubt sei, sie, die Frau des Bruders, zu heiraten. Sie befürchtete, ihren Machteinfluß und das feudale Leben am Hofe des Fürsten zu verlieren. Deshalb beeinflußte sie ihre Tochter, die nach einem Tanz beim Geburtstagsfest des Herodes dessen Gunst erworben hatte, das Haupt des Johannes als Geschenk zu verlangen.

In der Gesellschaftsordung der damaligen Zeit war Johannes ein Außenseiter, ein Oppositioneller, der nicht in das Bild der Öffentlichkeit paßte.
Lebte er in unserer Zeit, würde er ebenfalls als Außenseiter und unbequemer Zeitgenosse angesehen werden. Er würde uns in gleicher Weise wie damals vorhalten, in all unserem Handeln nur den Vorteil für unser irdisches Leben zu suchen.
Damals ermahnte er die Zöllner: „Fordert nicht mehr, als euch vorgeschrieben ist", den Soldaten sagte er: „Verübt gegen niemand Gewalt und Erpressung und seid zufrieden mit eurem Sold".
Er würde uns ermahnen, Augen und Ohren und damit Herz vor der Not unserer Mitmenschen zu öffnen und nicht nur von unserem Überfluß zu geben, sondern auch Opfer zur Linderung der Not in der Welt zu bringen.
Damals antwortete er auf die Frage des Volkes, was zur Umkehr zu tun sei: „Wer zwei Röcke hat, der gebe davon dem, der keinen hat; und wer zu essen hat, der mache es ebenso."
Seine damaligen Zuhörer, die sich offenbar nicht aus innerer Überzeugung, sondern nur wegen der großen Zuschauermenge taufen lassen wollten, wies er zurecht, indem er sie aufforderte, Früchte zu bringen, die der Bekehrung entsprechen, und sich nicht allein auf ihre Abstammung zu berufen.
Verhalten wir uns heute in vielen Dingen nicht ebenso, wenn wir z. B. unseren christlichen Pflichten nur dann und soweit nachzugehen pflegen, wenn es auch in der Öffentlichkeit gut aussieht?
Oder wenn wir uns nur auf unseren Trauschein besinnen, wann es – wie bei Taufen, Kommunion, Hochzeit und Beerdigung – guter Brauch ist?
Johannes fordert von uns eine klare Entscheidung, ein konsequentes Handeln im Geiste Christi und ein entschlossenes Eintreten für Gerechtigkeit und Frieden in der Welt!
Übertragen auf die aktuellen Themen unserer Tage wäre es nicht in seinem Sinne, wenn wir in satter Gleichgültigkeit hinnehmen,
- daß Millionen von Menschen auf der ganzen Welt wegen ihrer Rasse und Weltanschauung verfolgt, gefoltert und getötet werden;
- daß Millionen von Menschen in den kommunistisch, sozialistisch und totalitär regierten Ländern ihrer freiheitlichen Menschenrechte beraubt werden;
- daß Millionen von Menschen in der Welt den Hungertod sterben müssen, während an anderer Stelle Lebensmittel aus Gründen des wirtschaftlichen Profits vernichtet werden.

Es läge auch nicht in seinem Sinne, wenn wir zulassen,
- daß die Natur als Teil der göttlichen Schöpfung zum Spielball wirtschaftlicher und politischer Interessen wird und der als Fortschritt bezeichneten Bequemlichkeit zum Opfer fällt;
- daß geschwiegen wird, wenn Menschen unsere freiheitliche Grundordnung dazu mißbrauchen, um eben diese zu bekämpfen und mit heuchlerisch vorgegebenen guten Absichten versuchen, Moral und Sitte zu untergraben;

– daß Menschen über die Existenzberechtigung ungeborenen Lebens urteilen dürfen und die im Interesse Einzelner entstehenden Kosten der Allgemeinheit aufbürden, als sei es ein einer Krankheit vergleichbares Risiko, welches jeden von uns treffen könnte. Krank dürften allenfalls diejenigen sein, die das Abtöten menschlichen Lebens befürworten, aber alles unternehmen, tierisches Leben zu schützen.

Johannes fordert von uns eine klare Entscheidung, was auch bedeuten würde, daß wir bei anstehenden Wahlen uns nicht der Stimme enthalten dürfen, weil wir möglicherweise unentschlossen oder über einzelne Entscheidungen frustriert sind. Wir würden damit nur denjenigen Kandidaten Vorschub leisten, deren Ziele unseren Wertvorstellungen von Recht und Freiheit nicht entsprechen.

Johannes ruft auch uns auf, wach zu werden und als Rufer in der „Wüste der Gelassenheit" den Weg zur Gerechtigkeit, den Weg des Herrn zu bereiten.

Ich hoffe, daß uns der heutige Abend einen kleinen Anstoß dazu geben wird.

Musikstück

Meditation:
4 Vorträge

1. Vortrag:

Der Erzengel Gabriel hat viel Gutes über Johannes geweissagt: er wird dir Freude und Jubel sein. Wein und Alkohol wird er nicht trinken. Er wird mit dem Heiligen Geist erfüllt werden. Durch ihn sollen sich viele von den Söhnen Israels zum Herrn, ihrem Gott, bekehren.

Johannes hat seine Bestimmung. Er wird seinen Weg gehen. Die Voraussetzungen sind gut. Er soll eine bedeutende Rolle im Volk Israel spielen. Die Laufbahn scheint vorgezeichnet.

Heute sagen wir: Ein junger Mann mit Qualifikation. Beste Referenzen. Der Karriere steht nichts im Wege.

Eltern sind stolz auf solche Söhne. Die ihr Ziel haben und wissen, was sie wollen, und so begabt sind, daß sie den Erwartungen einer Leistungsgesellschaft entsprechen.

Ob Zacharias wirklich wußte, als welcher Außenseiter Johannes auftreten würde? Aus welcher Alternative er von sich reden machen sollte? Daß er jemand werden mußte, der nicht ins Bild der Öffentlichkeit paßte? Das Kind wuchs und erstarkte im Geiste.

2. Vortrag:

Die Wüste. Gewöhnlich macht man sich von ihr kein schönes Bild. Sie erweckt die Vorstellung von Hitze, Sand und Durst. Die Wüste gilt als unfruchtbar. Die Wüste erstickt das Leben.
Doch die Wüste ist auch der Ort der Klarheit. Wo nichts ist, ist nichts, was ablenkt, was die Gedanken stört. Die Wüste zwingt zum Loslassen, zum Preisgeben. Dinge und Gedanken gewinnen Abstand, man gewichtet sie anders.
Johannes geht in die Wüste. Sein Weg führt ihn mitten ins Nichts, in die Einsamkeit und Leere der Seele, die nun aufnahmebereit ist, wie ein Gefäß, wie eine dürstende Schale.
Gottes Wort fällt auf ihren Grund, blüht auf, nimmt ganz von Johannes Besitz.
Und er war in der Wüste bis zum Tage, da er auftrat vor Israel.
Das Gesetz der Wüste ist totale Wahrheit. Machen wir uns nichts vor: Dort, wo wir leben, in Hochhäusern, Wohngettos, in der Anonymität unserer Häuser – ist dort nicht auch Wüste? Die alten, die kranken Menschen unter uns, jene, die allein sind, kaum Kontakt haben, nicht einmal zum Nachbarn – leben sie nicht auch wie in einer Wüste? Wüste, die leer macht, die isoliert, in der das Wort stirbt statt Frucht zu bringen?

3. Vortrag:

Kehrt um! Denn das Himmelreich ist nahe! Bereitet den Weg des Herrn! Ebnet ihm die Straßen!
So ein Weg hat es „in sich“. Er kann überall hinführen. Geradeaus, in Kurven, über Hügel, durch Täler, an gefährlichen Hängen entlang, über Steine hinweg. Und irgendwo kann er sich verlieren, kann er enden ohne Ziel. Umkehr und Taufe zur Vergebung der Sünden – das ist der Weg des Johannes. Aber es ist nicht nur „sein“ Weg, er soll auch der unsere sein. Die Forderung an die verwirrten Menschen heißt: Dieser Weg führt ins Licht, in die Erkenntnis und Anschauung dessen, der da kommen soll – der Messias, der Erlöser der Welt, Gottes Sohn, Jesus Christus.
Ist er für uns begehbar – dieser Weg? Können wir ihn beschreiten – trotz seiner harten Auflagen der Wegbereitung? Oder weichen wir ihm aus? Halten wir uns lieber an bequeme Umwege? Und haben wir gar einen Irrweg eingeschlagen, weil wir die Botschaft von der Umkehr nicht ernst genommen haben?

4. Vortrag:

Johannes fordert eine Entscheidung. Er sagt: Zeigt, daß es euch ernst ist mit einem besseren Leben, daß ihr die eingefahrenen Spuren verlassen und euch einer neuen Lebensausrichtung zukehren wollt.

Bringt also Früchte der Umkehr. Lippenbekenntnisse sind nicht gefragt.
Nehmen wir das ernst?
So zeigt Johannes auch uns den Weg.
Er zeigt auf Jesus, von dem er sagt: „Seht, das Lamm Gottes, das die Sünden der Welt hinwegnimmt“.

Lied:
Laut dein Lob wir heben an (GL 904, 1.-3. Strophe)

Rollenspiel:
Johannes der Täufer

Sprecher: Johannes der Täufer hatte es gewagt, das schlimme Treiben des Königs Herodes öffentlich zu verurteilen. Darum wurde er verhaftet und in Macheronte gefangengehalten, wo Herodes eine große Festung und einen luxuriösen Palast hatte bauen lassen. Er ließ Johannes von zwei Wächtern vorführen.

1. Wächter: Hier ist der Mann, der das Volk aufhetzt, und der es wagt, euer Verhalten vor dem Volk Israel zu kritisieren.

2. Wächter: Los, voran! Der König will dich verhören!

Herodes: Ha! Da ist er ... Johannes ... „der Prophet vom Jordan“ ... der Mann, der die Menschen in großen Scharen anzieht ... und der den wahnwitzigen Mut besitzt, vor allem Volke dem König den Prozeß zu machen ... Aber jetzt sind die Rollen vertauscht ... jetzt wirst du verurteilt werden.

Johannes: Das Urteil der Menschen kümmert mich wenig ... Gott allein ist der Richter meines Gewissen ... und ich weiß, daß ich gehandelt habe, wie der Herr es von mir erwartete.

Herodes: Wer hat dich eigentlich zum Richter des Königs gemacht?

Johannes: Der Gott Israels, der mich zu einem Pfeil gemacht hat, mit dem er einen jeden treffen will, der sich den Plänen des Herrn widersetzt.

Herodes: Sollst du einen Weg vorbereiten?

Johannes: Ich bin eine Stimme, die in der Wüste ruft ... „füllet die Täler auf, ebnet die Hügel ein“ ... Der Herr will vorüberziehen!

Herodes: Wer ist dieser Herr? Bin ich nicht der einzige Herr und König in Israel?

Johannes: Herodes, aus dem Geschlecht der Eroberer, der wahre König von Israel ..., der Sohn Davids, der Gesandte des Allerhöchsten, der bist du nicht!

Herodes: Aber du weißt doch, daß es keinen Sohn von David mehr gibt. Nicht einmal Prinzen aus dem Geschlecht der Makkabäer gibt es noch.

Johannes: Das ist wahr, es kann auch kaum noch welche geben, denn dein Vater, der grausame Tyrann, hat alles ins Werk gesetzt, um zu herrschen, und vor einem Verbrechen ist er nie zurückgeschreckt!

1. Wächter: Paß auf, du unverschämter Flegel! Du sprichst mit einem Fürsten!

Herodes: Laß ihn nur reden ... sein Wahnwitz ist genauso groß wie sein Hochmut ... Hör sich das nur einer an ...! Mein Vater ein Tyrann! Ein Eroberer! Er, der König von Israel, der große König!

Johannes: Seine Hände waren besudelt von zahllosen Verbrechen, und das Blut der Kinder in Bethlehem hat er ohne Mitleid vergossen!

Herodes: Schluß jetzt! Mein Vater bekämpfte einen Thronanwärter ...

Johannes: Ein neugeborenes Kind! Welch ein Heldenmut!

2. Wächter: Wirst du wohl ruhig sein! Denk daran, ein einziges Wort des Königs genügt, und du bist ein toter Mann.

Herodes: Aber ich will nicht deinen Tod *(beruhigt sich langsam)*. Dein Mut imponiert mir sogar ... ich will dir die Beleidigungen vergeben, auch die, mit denen du gerade noch meinen Vater beleidigt hast ... aber sei doch vernünftig ... geh wieder in deine Wüste, die du doch so liebst, aber predige nicht länger dem Volk ... respektiere den König! *(Einladendes Lächeln.)*

Johannes: All diese Worte sind überflüssig ... weder durch Lockungen noch durch Drohungen werde ich mich zum Schweigen bringen lassen! Ich muß den Herrn ankündigen. Er ist schon unter euch! Bloß ihr könnt ihn nicht erkennen ... Er muß wachsen ... ich muß kleiner werden.

Herodes: Wache, führt den Schwätzer ab. Er hat genug Worte gemacht. Voran! Sperrt ihn wieder in seine Zelle ein!

1. Wächter: Komm, der König hat schon viel zu viel Geduld mit dir gehabt!

Herodes: *(alleine zurückgeblieben)* „Der Herr ist unter euch ..."

Das hat er gesagt ... Das hat er behauptet ... Wer ist dieser Herr? Sollte es etwa Jesus von Nazareth sein, von dem manche als von dem neuen Propheten sprechen? Aber weder Johannes noch er, noch irgend jemand anders wird von mir recht bekommen. Ich bin und bleibe König. Ich habe einen befestigten Palast, eine uneinnehmbare Zitadelle hier in Macheronte, tapfere Soldaten, und die Römer sind meine Bundesgenossen. Vor wem soll ich eigentlich Angst haben? Aber trotzdem, Johannes hat Eindruck auf mich gemacht ... Sollte er vielleicht doch der Gesandte Gottes sein? Er hat gesagt: „Schon ist die Axt an die Wurzel der Bäume gelegt." Muß ich etwa in Furcht leben? Seine begeisterten Worte, sein durchdringender Blick, sein Wagemut, geben ihm die Autorität eines Propheten ... ach: Propheten ... die gibt's doch nur in der Phantasie eines ungebildeten Volkes ...

Ein Bote: *(kommt herein und verneigt sich)* Majestät, Königin Herodias hat zu Eurer Ehre ein großes Festmahl richten lassen; Euer Geburtstag soll würdig gefeiert werden ... und Salome, ihre Tochter, wird einen ihrer berühmten Schautänze vorführen ...

1. Wächter: *(zu einem anderen Wächter)* Der Täufer ist verloren!

Lied:
Wachet auf, ruft uns die Stimme (GL 110, 1. und 2. Strophe)

Gebet:
Gebet um Freude (Ellen Bucher) *(Gemeinsam sprechen)*

Mein Gott, zur Weihnacht
bitte ich Dich um Freude -
Nicht um die große himmlische,
sondern um die kleine irdische Freude,
die mein Herz beschwingt,
mich froh und heiter macht,
mich lachen und singen läßt.
Gib mir menschliche Freude!

Um Deine Freude bitte ich Dich, mein Gott,
die mir ein Lächeln schenkt,
für mich selbst, wenn ich mich so
bitterernst nehme;

ein gutes Lächeln für die andern,
die mir gut und die mir gram sind,
die mir vorgesetzt und die mir unterstellt sind.
Gib mir eine Freude, die Ärger
und Zorn besiegt!
Um eine Freude bitte ich Dich, mein Gott,
die um sich greift
und die Schwermut durchdringt und den Stumpfsinn verjagt
und die Traurigkeit erhellt
und die Starrheit löst.
Gib mir eine strahlende Freude!
Mein Gott, zur Weihnacht
hast Du allen Menschen große Freude zugesagt.
Gib mir die Freude darüber,
daß ich als Mensch vor Dir leben darf,
daß ich anderen Menschen zur Seite stehen darf,
daß Du Mensch unter Menschen geworden bist.
Gib mir die Freude der Weihnacht!

Musikstück

Text:
Sinnbild der Steine

Die vor uns liegenden Steine sollen nicht der Grundstock für eine Mineraliensammlung werden; wir erwarten auch nicht ein Wunder, daß sie zu Brot werden. Sie sollen uns aber die sinnbildlichen Steine verkörpern.
Sie sind auch verteilt worden, damit Ihr sie nachher mit nach Hause nehmen könnt.
Der Stein bedeutet uns Festigkeit und Härte.
Daher auch die Redewendung: „Er hat ein Herz aus Stein", wenn ein Mensch nicht fähig ist, Mitleid zu empfinden.
„Wir haben einen Stein im Brett", im „Brett der guten Beziehungen", welches uns niemand zersägen kann.
Steine werden uns „in den Weg" gelegt, wenn Hindernisse unseren Bestrebungen entgegengesetzt werden.
Wir selbst legen anderen einen „Stein in den Weg", wenn wir keine Zeit für ein offenes Gespräch mit unseren Mitmenschen haben, wenn wir ständig kritisieren und nörgeln und kein gutes Wort für den anderen übrig haben.
Mit Steinen können wir aber auch einen Weg bereiten, wenn sie zu einer Ebene

passend zusammengefügt werden. Ein solcher Weg ist leicht zu begehen und ist tragfähig für schwere Lasten.

Der vor Euch liegende Stein soll der sinnbildliche Grundstein für einen solchen Weg sein, an dem wir ständig arbeiten wollen. Steine, die uns hindern, einen guten Kontakt zu unseren Mitmenschen am Arbeitplatz, in der Familie und der Nachbarschaft zu finden, wollen wir einpassen und einbauen in diesen Weg. Denn wie Johannes wollen wir dem Herrn einen Weg bereiten. Was krumm ist, soll gerade werden, und was holprig ist, soll eben werden.

Dieser einfache, handgreifliche Stein soll uns stets an diesen Vorsatz erinnern.

Geschichte: Die Legende vom steinharten Herzen

Ein junger Mann richtete all sein Sinnen und all sein Streben darauf, reich zu werden. Vom frühen Morgen bis in die Nacht hinein ging er diesem Ziel nach, lernte und arbeitete und hatte keine Zeit für fröhliche Spiele, für Lieder und richtige Freunde. Auch das Reden mit Gott und das Leben in der Gemeinde sah er als nutzlos vergeudete Zeit an, wenn er dabei nicht ein Geschäft im Auge hatte. Dennoch kam er auf seinem Weg längst nicht so schnell voran, wie er es sich erträumt hatte. Eines Tages kam er mit dem Kunden Hinkefuß ins Gespräch, von dem die Leute in der ganzen Gegend sagten, er sei ein Satan und habe schon vielen Menschen Böses angetan, ja, nicht wenige habe er völlig zugrunde gerichtet. Er traf ihn am Heckenweg vor der Stadt. Dieser Kunde Hinkefuß fragte den jungen Mann, ob er nicht schnell und ohne große Mühe Geld scheffeln und reich werden wolle? Genau das wollte der junge Mann sehr gern.

„Du mußt mir allerdings dein Herz ganz und gar übergeben", sagte Hinkefuß. „Wer kann denn ohne Herz leben?" fragte der junge Mann zurück. „Ich gebe dir ein neues Herz, ein Herz aus Stein!" „Ein Herz von Stein?" dem jungen Mann wurde es unheimlich. „Wer schnell und ohne große Mühe reich werden will, der kommt ohne ein solches Herz nicht ans goldene Ziel", sagte der, den sie „Satan" nannten, und es sprach aus seinen Worten eine große Erfahrung.

Da willigte der junge Mann ein. Er spürte, wie es sich in seiner Brust verhärtete.

Tatsächlich gelang ihm vieles, was er früher nicht vermocht hatte. Aus dem jungen Mann wurde allmählich ein gerissener Kaufmann. Ihn rührten jetzt nicht mehr die Tränen und Sorgen der Menschen, denen er Geld geliehen hatte und die es ihm nicht pünktlich zurückzahlen konnten. Erbarmungslos ließ er ihr Hab und Gut verkaufen, um mit Zins und Wucherzins zu seinem Geld zu kommen. Eiskalt ließ er jene von seiner Türe wegtreiben, die ihn um Brot baten und etwas verkaufen wollten. Ohne Gewissensbisse betrog er, wo immer das möglich war, trieb die Preise in die Höhe und zahlte Hungerlöhne. Die Arbeiter, die er beschäftigte, waren für ihn nur Maschinen, von denen er Gewinn erwartete. Daß sie Menschen blieben, Wünsche und Träume hatten, für ihre Familien sorgen mußten, das alles störte ihn nicht. Wurde einer von ihnen alt oder krank, schickte er ihn unbarmherzig fort.

Als der Kaufmann heiratete, war er schon unermeßlich reich. Dennoch sah er darauf, daß er eine reiche Frau bekam.

Die Jahre vergingen. Der Rücken des Kaufmanns beugte sich allmählich, seine Augen wurden schwächer, er verlor einen Zahn nach dem anderen. Gelegentlich ertappte er sich dabei, wie er hinter seinem prächtigen Schreibtisch saß und ins Nachdenken kam. Dann konnte es sogar geschehen, daß er überhörte, wenn sein erster Verwalter zu ihm hereintrat.

„Er wird allmählich alt", spotteten seine Sekretärinnen hinter der vorgehaltenen Hand. Ich bin ein einsamer Mann, dachte der Kaufmann in solchen Stunden. Niemand will etwas mit mir zu tun haben. Ich habe keine Freunde.

Das Herz von Stein lag ihm an solchen Tagen kalt und schwer in der Brust. Er erkannte, daß für alles Geld in der Welt richtige Freundschaft nicht zu kaufen ist, und Liebe erst recht keinen Preis hat, ja, daß nicht einmal Zuneigung durch Gold aufgewogen werden kann. Wenn ihn solche Gedanken überfielen, verließ er gelegentlich sein Büro und spazierte vor der Stadt durch Wiese und Feld, ohne an Gewinn und Geschäft zu denken, und das war seit seinen Kindertagen nicht mehr vorgekommen. Aber das zarte Sommergrün erfreute ihn nicht, und die weite Landschaft und das Singen der Vögel waren ihm kein Trost. Auf einem solchen Wege begegnete ihm eines Tages an der Stelle, an der der Hinkefuß ihm das Herz von Stein gegeben hatte, der Bischof der Stadt: Nikolaus.

„Na", sprach Nikolaus den reichen Mann an, „haben die Geschäfte Ihnen Zeit gelassen für einen Spaziergang?"

Der Reiche blieb stehen. Er kannte den Bischof, den er gelegentlich gesehen hatte, und sagte: „Ich bin den Geschäften davongelaufen."

Sie gingen ein Stück miteinander. Da erzählte der Reiche dem Bischof von seinen Sorgen und schloß mit den Worten: „Geld und Gold haben mich einsam gemacht. Das Glück, dem ich nachjagte, habe ich in meinen Schatzkammern nicht gefunden. Ich wüßte mir keinen Freund, und sogar meine Kinder lieben das Geld mehr als mich, und ich nehme an, sie können meinen Tod kaum erwarten, weil sie bald alles erben wollen, was ich besitze." „Eine schwere Krankheit läßt sich nicht heilen ohne bittere Medizin", sagte der Bischof.

„Ich würde jede Medizin schlucken und wenn sie mir helfen könnten, dann sollte mir selbst die bittere Galle so süß wie Honig schmecken. Was, meint Ihr, Bischof Nikolaus, könnte mir helfen?"

„Auch ein Herz von Stein kann schmelzen", antwortete der Bischof. „Jeder dankbare Händedruck eines Armen, dem Sie mit Ihrem Geld aus der Not helfen, jedes warme Gefühl, das einen Hungernden erfüllt, wenn Sie ihm reich zu Essen gegeben haben, jede heiße Freude eines Kindes, das Sie beschenken, das feurige Fieber eines Kranken, das entweicht, weil durch ihr Geld ein kundiger Arzt und gute Arzneien bezahlt werden können, das alles ist Glut, die ein Herz von Stein schmelzen kann. Kurz, geben Sie das, was Sie zusammengescharrt haben, besonnen und mit vollen Händen den Armen. Das ist die Medizin, die Ihnen helfen kann."

Der reiche Alte begann, diese Medizin zu schlucken. Erst schien sich sein Herz im Leib umzudrehen, wenn er dahingab, was er so lange zusammengerafft hatte. Doch allmählich fiel es ihm immer leichter, die Armut aufzuspüren und ihr abzuhelfen. Ihm, dem bislang Neid, Mißgunst, Verwünschungen und Wut entgegengeschlagen war, begann man nach einiger Zeit den „guten Mann von Myra" zu nennen. Schließlich hatte er den ganzen großen Reichtum verteilt und konnte niemand mehr mit Geld helfen. Niedergeschlagen wartete er darauf, daß man ihn wie einen ausgenommenen alten Hahn beiseite schieben und verächtlich anschauen werde. Aber das war keineswegs der Fall. Er blieb der „gute Mann von Myra", und in jedem Haus, auch in der ärmsten Hütte, nahm man ihn freundlich auf, und jeder teilte mit ihm, was er besaß.

Da spürte er ganz deutlich, daß sein Herz von Stein geschmolzen war. Als er später gestorben war, trug der Bischof selber das Kreuz. Eine große Schar von Kindern, Armen und Bedrängten folgten dem Sarg bis ans Grab. Im Heckenweg vor der Stadt aber stand der Hinkefuß, knirschte mit den Zähnen und schüttelte wütend die Fäuste.

Lied:
Tauet, Himmel, den Gerechten (GL 901)

Wir sagen euch an den lieben Advent

Wir sagen euch an den lieben Advent.
Sehet, die erste Kerze brennt.
Wir sagen euch an eine heilige Zeit.
Machet dem Herrn die Wege bereit.
Freut euch, ihr Christen, freuet euch sehr!
Schon ist nahe der Herr.

Wir sagen euch an den lieben Advent.
Sehet, die zweite Kerze brennt.
So nehmet euch eins um das andere an,
wie auch der Herr an uns getan.
Freut euch, ihr Christen, freuet euch sehr!
Schon ist nahe der Herr.

Wir sagen euch an den lieben Advent.
Sehet, die dritte Kerze brennt.
Nuntragt eurer Güte hellen Schein
weit in die dunkle Welt hinein.
Freut euch, ihr Christen, freuet euch sehr!
Schon ist nahe der Herr.

Wir sagen euch an den lieben Advent.
Sehet, die vierte Kerze brennt.
Gott selber wird kommen, er zögert nicht.
Auf, auf, ihr Herzen, und werdet licht.
Freut euch, ihr Christen, freuet euch sehr!
Schon ist nahe der Herr.

Text: Maria Ferschl 1954
Melodie: Heinrich Rohr 1954
„Gotteslob“ Nr. 115

Der Clarenaltar im Kölner Dom

9. Adventsfeier

Thema:
Die heilige Lucia

Verlauf der Adventsfeier

Lied:	Wir sagen euch an den lieben Advent (GL 115, Strophen nach Anzahl der zu entzündenden Kerzen)
Text:	Mitten in der Nacht
Text:	Alles ist nur ein Zeichen
Lied:	O Heiland, reiß die Himmel auf (GL 105, 1. und 5. Strophe)
Geschichte:	Die heilige Lucia
Lied:	O komm, o komm, Emmanuel (GL 902, 1. und 2. Strophe)
	Einzug der Lucia mit Gefolge
Gebet:	So dunkel ist die Nacht (gemeinsam sprechen)
Lied:	Sankta Lucia
Lied:	Macht hoch die Tür (GL 107, 1. und 2. Strophe)
Text:	Tage des Lichtes und der Lichter
Geschichte:	Die Geschichte vom Weihnachtslicht (Rolf Krenzer)
Gebet:	Im Dunkel des Tages (Dieter Trautwein) (gemeinsam sprechen)
Meditation:	
Lied:	Tauet, Himmel, den Gerechten (GL 901)

Im anschließenden gemütlichen Teil wurde noch die plattdeutsche Geschichte „Advent fröher und vondage“ vorgelesen.

Vorbereitungen für die Adventsfeier:

Vorteilhaft für die Darstellung der hl. Lucia ist ein nicht zu kleines Mädchen mit ruhiger Gangart und Haltung.

Ausstattung der hl Lucia:
- langes, weißes Gewand einer Meßdienerin, gehalten mit einer Kordel
- Lichterkrone (Strohkranz, Kerzenhalter mit brennenden Kerzen)

Begleitung der Lucia:
- Mehrere Mädchen in gleicher Kleidung, Kranz aus grünen Ranken
- Sie tragen Tabletts mit brennenden Kerzen und Gebäck, je nach Anzahl der Teilnehmer

Leselampe
Dias
Diaprojektor
Leinwand

Lied:
Wir sagen euch an den lieben Advent (GL 115, Strophen nach Anzahl der zu entzündenden Kerzen)

Text:
Mitten in der Nacht

Immer schon haben Menschen in Zeiten der Dunkelheit Licht angezündet, damit die Wege und Ziele ihres Lebens hell werden. Denn wo Licht ist, wird der Raum ansichtig, in dem ich lebe, mich bewege, wo ich so sein kann, wie ich bin, wo mein Zuhause ist. Licht vertreibt die Ungewißheit, schafft Klarheit, gibt Einsicht und Aussicht.

Immer wieder gibt es Menschen, die sagen: Ich sehe nicht mehr durch, um mich ist es dunkel, ich weiß nicht mehr, wohin es geht. Ihnen hilft unsere künstliche geschaffene Helle nicht; sie suchen nach einem anderen Licht, einem, das ihr Leben hell werden läßt.

Diese Erfahrung ist alt. Es ist die Erfahrung des Wartens und Suchens von Menschen, die um ihre Begrenztheit wissen, weil sie immer an die Grenzen ihrer selbst stoßen. Jesaja drückt das so aus: Das Volk, das im Finsteren wandert, das in der Dunkelheit wohnt – und er fügt eine große Verheißung an –, dieses Volk schaut ein großes Licht, das glücklich macht, befreit, das Frieden bringt und ein Heil über alle Maßen. Was dem Volk Israel damals verheißen, ist Menschen immer wieder zugesagt: Das Licht, das in der Finsternis scheint – immer wieder scheint. Mit der Geburt dieses Jesus-Kindes ist dieses Licht in unsere Welt gekommen, auch und gerade dort, wo es gar nicht danach scheint. Selbst noch so dunkle Zeit, ja nicht einmal der Tod bringt es zum Erlöschen. Vielmehr hat dieser Jesus alles Leid, Tod, Freude und Glück in ein neues Licht gestellt; Er sagt: Ich bin es, dieses Licht; Ich bin derjenige, der Aussicht gibt, der Zukunft und Hoffnung geben kann, alle Tage. Weihnacht ist damit wohl kein einmaliges Ereignis geblieben. Es ist uns Menschen etwas widerfahren, was immerwährend ist, was nicht endet in noch so großen Dunkelheiten, sondern über uns erstrahlt als das Licht, das die Hoffnung macht, unserem Leben Sinn, Ziel und Mitte gibt.

Von diesem immerwährenden weihnachtlichen Licht will dieses Büchlein erzählen, indem es von dem erzählt, der von sich als dem Licht der Welt spricht. Im Leben dieses einen widerspiegelt sich exemplarisch, daß dieses Licht nicht erlischt, auch dort nicht, wo der Tod hereinbricht. Das Büchlein will hiermit Hoffnung machen in einer Zeit, in der Menschen nach Licht Ausschau halten, in der die Dunkelheit den glimmenden Docht zu erdrücken droht.

Diese frohmachende Botschaft hat in allen Zeiten ihre Bilder geschaffen und nach Worten gesucht. Im Strom dieser Bilder stehen auch die des Kölner Clarenaltars,

wovon hier 13 Szenen gezeigt sind. Sie alle gehören zusammen, sind als Einheit zu sehen: Nicht nur Geburt, nicht nur Kreuz und Tod sind hier gezeigt, sondern das Kreuz steht im Zusammenhang von Geburt, steht gleichsam neben der Krippe. 150 Jahre später drückt dies Martin Luther so aus: „Das Ewig Licht geht da herein, gibt der Welt ein' neuen Schein; es leucht' wohl mitten in der Nacht, hat uns zu Lichtes Kindern' macht" – und er endet:
Kyrieleis – Herr, erbarme dich.

Text:
Alles ist nur ein Zeichen *(gemeinsam sprechen)*

Unser Vater, Dein Licht droht oft zu erlöschen,
die Stürme der Hoffnungslosigkeit
und Hilflosigkeit,
des Alleinseins und Alleingelassenseins
bringen das Helle zum Erliegen.
Und wir wissen nicht, wie diesen Stürmen wehren.
Halte Du Deine Hände über uns,
damit wir jenes kleine Licht,
das Du durch Deinen Sohn
in unsere Welt hinein entzündet hast,
immer wieder aufnehmen und weitertragen,
damit die dunklen Wege unseres Lebens hell werden
und die Angst der Hoffnung,
Streit der Brüderlichkeit,
Feindschaft dem Frieden,
Verzagtheit dem Glauben weiche.

Lied:
O Heiland, reiß die Himmel auf (GL 105, 1. und 5. Strophe)

Geschichte:
Die heilige Lucia

Die heilige Lucia gehört zu den Märtyrerinnen der frühen römischen Christenheit. Sie wurde um 280 in Syrakus auf Sizilien von reichen Eltern geboren, die Christen waren und sie im christlichen Geiste erziehen ließen. Ihr Vater starb sehr früh, so daß die Mutter Eutychia, den entscheidenden Einfluß auf ihre Entwicklung gewann. Lucia war gut begabt und erblühte zu ungewöhnlicher Schönheit. Alle weltlichen Freuden und Annehmlichkeiten des Lebens bedeuteten ihr nichts. Sie wünschte, Gott zu dienen und tat heimlich das Gelübde ewiger Keuschheit. Auch ihrer Mutter, die sie gern an einen angesehenen Mann verheiratet hätte, sagte sie zunächst nichts davon. Eines Tages hielt ein junger adeliger Römer bei Eutychia um Lucia an und die Mutter sagte zu. Als Lucia dies erfuhr, war sie sehr betroffen und versuchte, die Hochzeit hinauszuschieben. Eine Krankheit ihrer Mutter kam ihr zur Hilfe. Da Eutychia ihrer Pflege bedurfte, konnte Lucia ihren Bräutigam vier Jahre lang hinhalten. Sie war entschlossen, den gänzlichen Bruch herbeizuführen, auch wenn sie dadurch in Gefahr geriet. Sie schlug ihrer Mutter vor, zur Erlangung der Gesundheit eine Wallfahrt an das Grab der großen sizilianischen Heiligen Agatha zu unternehmen. Eutychia wurde dort in der Tat gesund. Nun eröffnete ihr Lucia ihr Gelübde und bat sie, ihr das Heiratsgut herauszugeben, damit sie es unter die Armen verteilen könne. Die Mutter gab schweren Herzens diesem Begehren nach.

Als der junge Mann, der sie freien wollte, davon Kenntnis erhielt, zeigte er sie dem Richter als Christin an. Es war die Zeit der Verfolgung des Kaisers Diokletian. Lucia wurde verhaftet. Als der Richter ihr befahl zu opfern, da nannte Lucia die Götter Erfindungen von Menschen. Und als man sie in ein Sündenhaus schleppen wollte, betete sie voll Vertrauen. Die Henkersknechte vermochten sich nicht von der Stelle zu bewegen. Als man rings um das Mädchen Feuer anzündete und sie selber mit Öl übergoß, prasselten wohl die Flammen, aber Lucia blieb unversehrt. Da der Richter die Erfolglosigkeit seines Tuns einsah, befahl er, sie zu enthaupten. Ein Henkersknecht stieß ihr das Schwert in die Kehle. Mit dem Schwert im Halse lebte sie noch so lange, bis sie die hl. Kommunion empfangen hatte. Erst dann starb sie.

Der Name Lucia – die Lichte, Leuchtende – gab wohl Anlaß zu ihrem Patronat als Schützerin des Augenlichtes, gegen Blindheit des Leibes und der Seele, gegen Augenkrankheiten. Lucia ist die Schutzheilige von Syrakus; ferner der Blinden, Bauern, reuigen Dirnen, Glaser, Kutscher und Näherinnen.

Ihr Fest wird vor allem in Schweden gefeiert. Hier ist sie die „Lichtträgerin“, an die sich allerlei heidnische Bräuche knüpfen. Überhaupt hat die lichte Gestalt der Heiligen im Norden, wo Dunkelheit des Winters bedrohender wirkt, eine besondere Bedeutung. Hier, wo Licht und Finsternis noch aus dem unmittelbaren Erleben erfahren werden, weist Lucia schon auf das Licht hin, das nach den dunkelsten Tagen des Jahres aus dem Stall von Bethlehem aufstrahlt und der Welt Trost und Frieden schenkt.

Steht aber nicht am Lucientage über uns schon der Stern von Bethlehem? Nur noch zwölf Nächte trennen uns von dem Wunder der Menschwerdung Gottes. Die dunklen Nächte sollen uns nicht schrecken, sondern Alt und Jung hinführen zur Krippe. Noch zwölf Nächte – so wollen wir den Lucientag feiern.

Lied:
O komm, o komm, Emmanuel (GL 902, 1. und 2. Strophe)

Musik (dabei werden die Lampen ausgemacht, nur eine Leselampe an) Lucia und ihre Gefährtinnen betreten nun den Raum. Ein Sprecher begrüßt die hl. Lucia feierlich:

Text:
So dunkel ist die Nacht in der Mittwinterzeit

So dunkel ist die Nacht in der Mittwinterzeit,
doch seht, da naht Lucia.
Sie kommt, die Gute, mit Licht zu uns,
sie kommt mit Botschaft von Weihnachtsfreud,
sie trägt eine leuchtende Krone.
In dunkler Nacht in der Mittwinterzeit
grüßen wir dich, Sancta Lucia!
Willkommen, du Gute, mit Licht zu uns,
willkommen mit Botschaft von Weihnachtsfreud,
willkommen mit deiner leuchtenden Krone!
Gebet: So dunkel ist die Nacht (gemeinsam sprechen)
In diesen dunklen Tagen
bringe Du, Herr Jesu Christ,
Licht in unser Leben.
Stecke Du die Kerzen an
auf unserem Haupte,
damit sie leuchten für andere
und Licht bringen denen,
die im Dunkeln stehen.

Lied:
„Sankta Lucia“

Austeilung des Lichtes, der Kerzen und des Gebäcks (dazu adventliche Musik)

Lied:
Macht hoch die Tür (GL 107, 1. und 2. Strophe)

Text:
Tage des Lichtes und der Lichter

Zu den großen Geheimnissen unseres Lebens gehört das Licht mit seinem bunten Spiel der sieben Farben. Gerade die Weihnachtstage sind in der dunkelsten Zeit des Jahres Tage des Lichtes und auch der Lichter. Zu keiner Zeit im Jahr werden so viele Kerzen entzündet und so viele Lichter zum Leuchten gebracht, wie in den Tagen der weihnachtlichen Geburt Gottes. Über allem festlichen Geschehen gipfelt sich das Licht aus der Höhe und verdichtet sich in der Geburt Jesu auf dieser Erde. Boten des Lichtes fallen hernieder. Gott flutet in diese Erde. Er überstrahlt alles. Er durchleuchtet alles. Weihnachtliche Worte aus der Liturgie werden lebendig: Als die Nacht in ihrem Lauf die Mitte erreicht hatte, brach in das Dunkel das Licht Gottes.
Das Licht ist immer ein Wunder des Morgens. Die Kompaßnadel unseres Lebens ist auf Licht und Morgen eingestellt. An Weihnachten feiern wir das große Geheimnis des Lichtes aus der Höhe, das in unsere Dunkelheiten und Nächte, in unsere Schmerzen und Tode, in unsere Tränen und Krankheiten, in unsere Leiden und in unsere Zerbrechlichkeit einbricht und uns so aus der Sinnlosigkeit der Nacht befreit. Seit der Weihnacht ist durch unsere Nächte ein Weg gewiesen. Seit der nächtlichen Geburt Gottes in unsere Welt wissen all unsere Nächte um Licht und Spiel der Farben.
Auf vielen Weihnachtskarten kann man den bekannten chinesischen Spruch finden: Es ist besser, eine Kerze anzuzünden, als über die Finsternis zu jammern.
Diese Aufforderung ist befreiende und erlösende Botschaft aus dem Geheimnis der Weihnacht. Die Tage um dieses Fest sind Tage des Lichtes und der Lichter ...

Geschichte:
Die Geschichte vom Weihnachtslicht (Rolf Krenzer)

Als die Engel den Hirten verkündet hatten, daß im Stall von Bethlehem der König der Welt geboren worden war, da suchte jeder nach einem passenden Geschenk, das er dem Kind in der Krippe mitbringen wollte.
„Ich bringe ein Schäfchen mit!“ meinte der eine. „Ich eine Kanne voll frischer Milch!“ sagte ein anderer. „Und ich eine warme Decke, damit das Kind nicht friert!“ rief ein dritter.
Unter den Hirten war aber auch ein Hirtenknabe. Der war bettelarm und hatte nichts, was er dem Kind schenken konnte. Traurig lief er zum Schafstall und suchte in dem winzigen Eckchen, das ihm gehörte, nach etwas, was er vielleicht doch mitbringen konnte. Aber da war nichts, was auch nur den Anschein eines Geschenks hatte. In seiner Not zündete der Hirtenknabe eine kleine Kerze an und suchte in jeder Ritze und in jeder Ecke. Doch alles Suchen war umsonst. Da setzte er sich endlich mitten auf den Fußboden und war so traurig, daß ihm die Tränen an

den Backen herunterliefen. So bemerkte er auch nicht, daß ein anderer Hirte in den Stall gekommen war und vor ihm stehenblieb. Er erschrak richtig, als ihn der Hirte ansprach: „Da bringen wir dem König der Welt alle möglichen Geschenke. Ich glaube aber, daß du das allerschönste Geschenk hast!“
Erstaunt blickte ihn der Hirtenknabe mit verweinten Augen an. „Ich habe doch gar nichts!“ sagte er leise.
Da lachte der Hirte und meinte: „Schaut euch diesen Knirps an! Da hält er in seiner Hand eine leuchtende Kerze und meint, er habe gar nichts!“
„Soll ich dem Kind vielleicht die kleine Kerze schenken?“ fragte der Hirtenknabe aufgeregt.
„Es gibt nichts Schöneres!“ antwortete der Hirte leise.
Da stand der Hirtenknabe auf, legte seine Hand schützend vor die kleine Flamme und machte sich mit den Hirten auf den Weg. Als die Hirten mit ihren Geschenken den Stall erreichten, war es dort kalt und dunkel.
Als aber der Hirtenknabe mit seiner kleinen Kerze den Stall betrat, da breitete sich ein Leuchten und eine Wärme aus, und alle konnten Maria und Josef und das Kind in der Krippe sehen.
So knieten die Hirten vor der Krippe und beteten den Herrn der Welt, das kleine Kind mit Namen Jesus, an. Danach übergaben sie ihre Geschenke. Der Hirtenknabe aber stellte seine Kerze ganz nah an die Krippe, und er konnte deutlich das Leuchten in Marias und Josefs Augen sehen. „Das kleine Licht ist das allerschönste Geschenk!“ sagten die Hirten leise.
Und alle freuten sich an dem schönen Weihnachtslicht, das sogar den armseligen Stall warm und gemütlich machte.
Der Hirtenknabe aber spürte, wie in ihm selbst eine Wärme aufstieg, die ihn immer glücklicher machte. Und wieder mußte er weinen. Jetzt weinte er aber, weil er sich so glücklich fühlte.
Bis zum heutigen Tage zünden die Menschen vor Weihnachten Kerzen an, weil sie alle auf Weihnachten warten und ihnen das kleine Licht immer wieder Freude und Geborgenheit schenkt.

Meditation: *(9 Dias werden gezeigt)*

1. Kerze

Es ist uns allen nicht entgangen, daß in der vorangegangenen Stunde von Licht und Dunkelheit die Rede war. Wir wollen nun anhand einiger Dias uns Gedanken machen!
Wo fehlt Licht?
Wo ist es dunkel in der Welt?
Wo ist es dunkel um uns?
Wo können wir Licht bringen?

2. Junge

Ist es bei ihm dunkel?
Er schaut düster drein!
Mit welchen Problemen wird er in seiner Jugend schon konfrontiert?
Kein Verständnis, keine Geborgenheit, keine Lehrstelle, Hasch, Rauschgift, schlechte Filme.
Wo braucht er Licht von uns?

3. Oma

Wo fehlt ihr Licht?
Woran denkt sie?
Denkt sie an ihre Kinder oder welchen Weg ihre Enkelkinder gehen?
Wie steht es um ihre Gesundheit?
Wie ist es, wenn sie hilflos wird?
Ältere und kranke Menschen, wieviel unserer Liebe
und unseres
Lichtes brauchen sie?

4. Hütten

Wieviel Dunkelheit gibt es auf der Welt?
Primitives Wohnen.
Ohne Strom, ohne Wasser, ohne Luxus.
Nicht alle wohnen so komfortabel wie wir.
Hier hat man noch ein Dach über dem Kopf,
aber wieviele haben noch nicht einmal das?
Auch für sie ist Christus als das Licht der Welt erschienen.

5. Neger

Geht ihnen ein Licht auf?
Lernen sie, hören sie auch vom Wort Gottes?
Unsere Sorge muß es sein, daß das Licht der Weihnachtsbotschaft in alle Welt getragen wird.

6. Vater mit Sohn

Fehlt hier Licht?
Wieviel Stunden hat er hart gearbeitet, um seine Familie zu sättigen?
Reicht es?

Hat er morgen Arbeit?
Wie ist es bei uns?
Wieviele sind arbeitslos?
Vom Arbeitslosengeld leben müssen, mit der ganzen Familie!

7. Arzt mit Kind

Krankheit! Schmerzen!
Hier sehen wir die ärztliche Versorgung.
Sind überall genügend Ärzte?
Wieviel Krankheit ist um uns?
Ein freundliches Wort ist Licht und eine helfende Hand
läßt einem Kranken oft Schweres ertragen!

8. Mageres Kind

Hunger!
Abgemagert sein!
Elend!
Die großen Augen schauen uns an.
Hoffend auf Hilfe, auf Licht.
Laßt uns Licht sein!

9. Kerze

Diese Bilder sollten uns sagen, wo Licht fehlt. Anregungen sollten sie sein, wo wir Licht bringen könnten.
Lassen wir uns von dem Licht der Liebe Christi anstecken, damit wir frohen Herzens Weihnachten feiern können.

Gebet:
Im Dunkel des Tages (Dieter Trautwein) (*gemeinsam sprechen)*

Im Dunkel des Tages erwarten wir,
daß das Licht aufscheint hie und da.

Im Dunkel des Tages erbitten wir,
was uns täglich fehlt hie und da.

Im Dunkel des Tages erhoffen wir,
daß ein Traum wahr wird hie und da.

Im Dunkel des Tages ersehnen wir,
was den Frieden bringt hie und da.

Im Dunkel des Tages erwartet uns Gott.
Sein Reich beginnt überall.

Lied:
Tauet, Himmel, den Gerechten (GL 901)

Advent fröher un vondage (Jopp Nientiedt)

Mi dücht, tüsken de Adventstiit von fröher und vondage is doch'n grauten Unnerscheid. Wat het Advent? Advent is dat Waochten up de Ankunft von ussen Häern un Heiland.
Wat hebbt se nur von de schöne Adventstiit makt? Wenn man sick dat alles so bekick, vondage hebbt de Lüde gar kiene Tiit mähr, sick up Wiehnachten te freihen. In de veer Wiäken vör Wiehnachten sind se blos noch an't Hassebassen. Dann is auk alles män bloss noch Geschäft. Wenn dat erste Kerzken brennt un de erste lange Saoterdag west is, dann kann man in de Zeitungen mondags liäsen, aoff dat Geschäft guet west is. Wenn et guet west is, dann kanns wieder liäsen, wat de Lüde alles so kofft häbbt.
De Priese von de Geschenke beweggt sick so tüsken viefhundert und dusend Mark, aoff noch högger. Wenn dat so in de Zeitung steiht, dann is dat Geschäft gued west. Aower bloss vöur de Geschäftslüde. Un so löpp dat dann veer Wiäken hen. Wenn dann endlick Wiehnachten is, dann müett sick de Mensken erst von dat Hassebassen erhalen. De Fierdage sind dann bloss noch dao, üm sick utteressen.
Wenn wi an usse Kinnerjaohre denkt, wao wie jung west sind, soo lange is dat je nu auk noch nich hiär, dat wi us dao noch ganz guet up besinnen künnt, dao gong doch alles komoder to, besonners up'n Lande. Wi Blagen fongen doch am ersten Advent schon an, langsam Angst te kriegen, denn nu kamm je baol de Sünneklaos. Daomaols gloffen de Blagen länger a'n Sünneklaos es vondage. In de ersten und twedde Schoolklass kamm de Sünneklaos noch sölwer. Vondage seggt de Kinner in'n Kinnergaden:
„Frl. Müller ist der Nikolaus!" Egentlik schade, nich? Je, un wat gaff't dann von Sünneklaos? Een Paar von Moder sölwst gestrickte Strümpe, aoff een Paar Pantuffel, so schöne brune mit beige Striepen. Na un dann gaff et noch ne'n läckeren Teller vull, un daomet wären wie Blagen guet tefriäden.
Düört Hus gong üm de Wiehnachtstiit ümmer so'n schönen Rüek. Moder dei alles sölwer backen. Wenn Aobendraut an'n Hiemmel was, dann saggen usse Äöllern wull: „Christkindken is an't Kookenbacken!" Wat was d'r süß noch? Oh ja, et wuor miehrst kuort for Wiehnachten noch ne'n Schwien schlacht. Dat wuor natürlik an't

Hus makt, denn ne'n Schlachthof gaff et up'n Lanne nich. De Mann, de dat Schwien schlachtere, was in'n Sommer Müermann. Muorns, wenn et noch düster was, kamm de Mann un holl dat Schwien ut'n Stall. Wenn dat sowiet was, dann gönk Moder immer laupen. Se konn dat nich met anseihen, denn se har dat Dier dat ganze Jaohr foert, un et har doch immer so guet friätten. För us Blagen was et immer ne graute Freude, denn wi droffen miehrst dat Strick hollen.
Wenn dat Schwien dann an de Ledder hong, kammen de Naobers. Dat Speck wuor miäten. Ne Handbreet dick mos dat Speck sien, süß was dat kien Schwien. Ja, son Schwien moß daomaols seine dreiunhalf bis veer Zentner wiägen. Vondage müt't de Schwiene schön schlank sien. De Schwiene von vondage giewwet je auk twee Kotletts mähr es fröher. Daomaols kreegen de Schwiene auk kien'n Herzinfarkt, es man dat nu so aff un an in de Zeitung liäsen kann. Auk wussen usse Schwiene nix von Kreislaufstörungen, dao harren se nix met te dohn. De hebbt fröher immer guet friätten un wassen gesund.
För't Iätten was nun suorgt. Nu konn Wiehnachten män koummen. Wi Blagen schreewen ussen Wunschzieddel. Dao stonn dan drup: „Breng mi doch ne'n Schaukelpiärdken, aoff ne'n Paar Schlittschoh". Elektrische Iesenbahn, aoff Carerabahn gafft je noch garnich. De kleinen Wichtkes müegt vondage noch genau so gärn es fröher'n Püpken aoff'n Puppenwagen häbben. Män vondage sind de Saken alle'n paar Nummern grötter es fröher. In so'n Puppenwagen von vondage kanns getrost'n klein Kind leggen. Wenn de Wunschzieddel dann ferrig wör, wuor de Zieddel in'n Uoben schmietten, dat he düör den Kamien in'n Hiemmel fleigen konn, aoff he wuor enfach up de Fensterbank leggt.
Wenn de Wunschzieddel te lang wuor, dann saggen usse Äöllern wull: „Menns du dann, dat dat Christkindken wull soviel Geld hät?"
Dann was et endlicks sowiet. Hilligaobend! Wi Blagen wuorren bitiiten in de Badewanne stoppt. Dat Baden wuor in de Küecke makt, denn we har schon'n Badezimmer? Dao wuor'n grauten Pott up de Maschine set't un dat Water heet makt. Alle Blagen an't Hus kammen in een Fatt. Von Higieene wussen wi fröher nich viell von aff – un sind doch nich krank wuorden.
Üm fief Uhr gong et in de Ucht. Wenn man dao von trügge keim, dann was et siebben Uhr, denn fröher wuorden noch drei Missen liäsen. An't Hus gafft't'n graut Bohei, denn nu konn man endlicks seihn, wat dat Christkindken bracht har. Up alle Fälle follen de Geschenke minner ut, es dat vondage d'r Fall is.
Dann dücht mi, was et fröher auk noch wull wat költer es vondage un meesttiits lag Schnee.
Wenn wi trügge kiekt, wu dat fröher was un vondage is, dann mein ick: „Wiehnachten is auk vondage noch schön, bloss fröher häff man dat alles vull bewuster beliäwt."

Türen öffnen

10. Adventsfeier

Thema:
Türen öffnen

Verlauf der Adventsfeier

Lied:	Wir sagen euch an den lieben Advent (GL 115, Strophen nach Anzahl der zu entzündenden Kerzen)
Text:	Advent als Lebenshaltung
Lied:	Tauet, Himmel, den Gerechten (GL 901)
Bildmeditation:	Türen öffnen
Lied:	O Heiland, reiß die Himmel auf (GL 105) *(Bei dem Bild mit geschlossener Tür)*
Lied:	Macht hoch die Tür (GL 107) *(Bei dem Krippenbild)*

Gebet: Mitten im Strom der Zeit
Geschichte: Adventslegende

Lied:	O komm, o komm, Emmanuel (GL 902)

Geschichte: Der störrische Esel und die süße Distel (Karl Heinrich Waggerl)
Musik

Vorbereitungen für die Adventsfeier:

Dias
Diaprojektor
Leinwand
Kassettenrecorder
Tonband mit angemessener Musik

Lied:
Wir sagen euch an den lieben Advent (GL 115, Strophen nach Anzahl der zu entzündenden Kerzen

Text:
Advent als Lebenshaltung

Warten. An der Bushaltestelle. Auf den Briefträger. Im Wartezimmer. Auf den Feierabend. Auf die Einberufung. Im Wartesaal zweiter Klasse. Auf den ärztlichen Befund. Warten. So oder so. Menschen warten immer und überall. „Ich warte“, sagt man am Telefon. „Na warte“, das klingt wie eine Drohung. Kinder können nicht abwarten, Erwachsene natürlich auch nicht. Jemanden warten lassen, jemanden erwarten, nichts mehr erwarten, einfach abwarten, warten ...
Leben ist immer Warten. Das Warten ist ein Kind der Hoffnung, manchmal ein Sorgenkind, aber es muß schon schlimm sein, wenn es nichts mehr zu erwarten gibt. Warten: Es wird schon werden!
Wer wartet, ist unsicher, aber immer noch sicher genug, weiter zu warten. Wer wartet, hat keine Ruhe, und trotzdem verharrt er, hält er aus. Wer wartet, hat Angst, daß er umsonst wartet, aber er geht nicht an dieser Angst zugrunde.
Advent: Leben in Wartestellung. Im Wartestand sein und das Erwartete bereits leben, das ist die Wirklichkeit des glaubenden Menschen. Advent: Nicht nur Zeit im Kirchenjahr, sondern Lebenshaltung und Glaubenshaltung. Dieses Warten lähmt nicht, vielmehr drängt es zur Gestaltung, zum Engagement – christliches Leben und Handeln in der Welt von heute.
Advent: Für die Zusage Gottes offene Ohren haben, Ihm mit offenen Armen entgegengehen, Ihm, der da kommen soll.
Warten lohnt, denn Er ist da.

Lied:
Tauet, Himmel, den Gerechten (GL 901)

Bildmeditation:
Türen öffnen

1. Bild: Brennende Kerze

Ist Ihnen eigentlich schon aufgefallen, daß in vielen Adventsliedern und adventlichen Texten von Tür und Tor die Rede ist?
„Macht hoch die Tür, die Tor macht weit“

„… reiß ab vom Himmel Tür und Tor, reiß ab wo Schloß und Riegel vor“
„O komm, mein Heiland Jesu Christ, mein’s Herzen’s Tür Dir offen ist“
„Von 12 Perlen sind die Tore an Deiner Stadt“
„Hebet euch, ihr Pforten der Ewigkeit, daß der König der Herrlichkeit komme“
„Denn verschlossen war das Tor, bis der Heiland trat hervor“
„O komm, schließ auf des Himmels Tor“
„Machet die Tore weit und die Türen“

Tor und Türen öffnen, das ist auch das Thema unserer Bildmeditation im Advent.

2. Bild: Schloßtor, geschlossen

Da ist ein geschlossenes Tor.
Tore und Türen sind in unserem Leben dazu da,
etwas zu verschließen, etwas zu verbergen, ein Äußeres vom Inneren zu trennen.
Dies ist ein besonders stabiles und schweres Tor.
Dicke Balken, die dicke Kette, das Vorhängeschloß, die dicken Nägel in den Balken.

3. Bild: Kette und Vorhängeschloß

Die Tür im Tor ist mit einer Kette und einem Vorhängeschloß gesichert.
Niemand soll herein, niemand soll sie öffnen.
Hier ist geschlossen, hier ist verschlossen.
Mit einer Kette verschlossen, deren Glieder nicht reißen.
Sie werden nicht schnell einem Druck nachgeben.

4. Bild: Einfache Haustür

Diese Haustür wollen wir als Haustür von Jedermann betrachten.
Hier wohne ich.
Hier wohnt eine Familie.
Hier kann man sich gegenüber der Außenwelt verschließen.
Die Tür könnte geöffnet werden.
Die Tür könnte verschlossen bleiben.
Man könnte eingelassen werden, man könnte ausgeschlossen werden.

5. Bild: Haustür mit Licht

Wir stehen vor der Tür, wird uns geöffnet?
Gewaltsam hier eindringen?
Das bedeutet Trümmer, das bedeutet Scherben.

Vor jeder verschlossenen Tür steht die Hoffnung.
Sagt jemand: „Komm herein“?
Auch wir tragen eine Tür in uns, unsere Herzenstür.
Wie sieht diese unsere Tür aus?
Ist sie auch so fest verschlossen?

6. Bild: Tür mit Kette

Liegt um unser Herz eine Kette?
Gleichen wir nicht einer verschlossenen Tür?
Wem verschließe ich mich?
Ist es der Ehepartner, dem ich mich verschließe?
Sind es die Kinder, denen ich die Tür der Liebe verschließe?
Oder verriegele ich mich vor meinen Eltern,
vor den Arbeitskollegen, der Nachbarsfamilie?
Ist bei mir alles so verschlossen, daß ich für die Not
der anderen meine Tür nicht mehr öffne?
Hektik und Streß der Zeit, kann ich damit
meine verschlossene Tür entschuldigen?
War sie immer verschlossen?
Es bedarf doch nur eines kleinen Schlüssels,
eines kleinen Anstoßes, eines kleinen Schrittes.

Lied:
O Heiland, reiß die Himmel auf (GL 105)

7. Bild: Türgriff

Türen haben Griffe.
Eine Einladung, die Tür zu öffnen.
Doch der Griff mag noch so einladend sein, wenn aber die Tür verschlossen ist.
Jeder Schlüssel ist anders – jeder Schlüssel hat seine Eigenart.
Wie sieht der Schlüssel zu meinem Herzen aus?
Der Schlüssel muß gefunden werden.

8. Bild: Schlüssel

Ein Schlüssel.
Mit ihm kann man öffnen.
Auch zum Tor unseres Herzens gilt es,

den passenden Schlüssel zu finden.
Wir müssen den Schlüssel des Vertrauens,
des guten Wortes, der Liebe finden.
Die Tür unseres Herzens muß geöffnet werden
für den Ehepartner, für die Kinder, für die Eltern,
für die Arbeitskollegen, für die Nachbarsfamilie,
für die Notleidenden.

9. Bild: Halboffene Kirchentür

Diese Tür ist halb geöffnet.
Es ist Advent.
Im Advent heißt es, Türen und Tore zu öffnen.
Die Tür unseres Herzens, denn Jesus sagt:
„Ich stehe vor der Tür und klopfe an".
Er selbst klopft an unsere Tür.
Wir sind aufgerufen, dem Klopfenden die Tür weit zu öffnen.

10. Bild: Offene Kirchentür

Indem Gott Mensch geworden ist, hat Er das Tor zum Himmel für uns geöffnet.
Wer Sein Klopfen nicht überhört, erfährt die Verheißung: „So jemand Meine Stimme hört und die Tür Mir auftut, bei dem werde Ich einkehren und mit ihm Gastmahl halten." Christus aber steht in jedem Menschen vor unserer Tür.
Öffnen wir die Tür unseres Herzens dem Nächsten, so öffnen wir Ihm.

11. Bild: Krippe

Wir feiern das Weihnachtsfest.
Durch Seine Geburt hat Gott die Tür zum ewigen Leben geöffnet.
Mit dem Schlüssel der Liebe zu uns.
Lassen wir uns von dieser Liebe anstecken in diesen letzten Adventstagen,
daß wir die Tür unseres Herzens weit öffnen.
Er bittet um Einlaß, nicht nur damals in Bethlehem, auch heute im Advent 19..

Lied:
Macht hoch die Tür (GL 107)

Gebet: Mitten im Strom der Zeit

Herr,
Deine Ankunft stört uns auf.
Sie verunsichert uns.

Hilf, daß wir uns jetzt nicht
an Erreichtes klammern,
uns regungslos zeigen
und starr werden
aus Sorge um uns selbst.

Gib uns einen Stoß,
daß wir auf andere zugehen,
die nicht aus sich herauskönnen,
weil sie Angst vor uns haben oder
weil sie von uns abhängig sind
als Arbeitnehmer, als Kind, als Schüler
oder Student.

Mach uns betroffen
von der Not des Stummen,
wie nah oder fern er uns ist!
Gib uns den Mut,
aus der ersten Regung des Herzens
mit ihm zu teilen!
Gib uns Phantasie, Türen zu öffnen,
die scheinbar nicht zu öffnen sind,
bloß weil sie schon immer zu waren.

Laß uns in solchem Tun
Deiner Herrschaft gewiß werden!
Amen.

Geschichte: Adventslegende

Es war an einem Abend im Advent. Die Straßen waren menschenleer. Alle Leute waren zu Hause. Nur am Stadtrand beim letzten Haus geht ein alter Mann mit zerschlissenen Kleidern. Er geht langsam auf das Haus zu. Die Tür war noch offen, und so geht der alte Mann hinein. In dem Haus wohnen vier Familien.

Der Mann klopft an der ersten Tür an. Eine Frau öffnet ihm. Sie fragt, was er denn wolle. Der Alte bittet um ein Stück Brot. Verständnislos schaut ihn die Frau an. Ja gibt es denn so etwas heute noch? Das ist doch reichlich komisch. Brot?! – Brot kann man doch wohl kaufen, das gibt es doch überall. Sie gibt dem Mann den Rat, an der Nachbarstür zu klopfen und schlägt kopfschüttelnd die Tür hinter ihm zu.

Die Nachbarin, zu der der Bettler jetzt geht, ist eine sehr „fromme" Frau. Sie geht oft in die Kirche und betet. Der Mann klopft an ihre Tür. Erst nach einer Weile macht sie vorsichtig die Tür einen Spalt auf. Als sie den Alten sieht, öffnet sie und fragt nach seinem Begehr. Der Mann zieht fröstelnd seinen dünnen Rock fester zusammen und bittet um einen alten Mantel. Die Frau denkt an die Mäntel und Röcke von ihrem alten Onkel, die auf dem Dachboden verstaut sind. Soll sie ihm davon einen geben? Aber nein, jetzt nach oben gehen und auf dem Boden herumkramen?! Das fang ich gar nicht an. Aber einen guten Rat, denkt sie, will ich ihm doch geben. Da kommt ihr ein rettender Einfall: „Gehen Sie in den ersten Stock hinauf, da wohnt ein Schneider. Der hat bestimmt etwas für Sie zum Anziehen".

Der alte Mann geht müde und gebeugt die Treppe hinauf und klopft an die Tür des Schneiders. Dieser öffnet gleich sehr zuvorkommend. „Bitte sehr. Was darf es sein?" Aber im nächsten Augenblick stutzt er. Der sieht wirklich nicht aus wie ein zahlungskräftiger Kunde. Der alte Mann spricht seine Bitte aus und er hätte gerne ein Plätzchen am warmen Ofen, um sich ein wenig aufzuwärmen. Dem Schneider ist es nun doch sehr peinlich. „Zu dumm", sagt er, „schauen Sie doch, ich habe lauter Stoffe und Schnittmuster da liegen und unmöglich einen Platz für Sie. Aber bei der Nachbarsfamilie, da könnten Sie es vielleicht versuchen."

Als der Mann an der gegenüberliegenden Tür klopft, da hört er, daß drinnen gestritten wird. Es dauert eine ganze Weile, bis man drinnen das Klopfen hört. Endlich kommt eine Frau heraus und fragt kurz und unwirsch, was denn los sei? Der alte Mann bittet um ein gutes Wort. „Was?" schreit die Frau, „ein gutes Wort, wer gibt mir denn ein gutes Wort?" – „Du auch nicht", sagt sie bissig zu ihrem Mann. „Na, etwa Du mir?" antwortet der Mann. Und die Streiterei geht aufs Neue los. Die Frau dreht sich zu dem alten Mann um und sagt: „Heutzutage ist keine Zeit mehr für ein gutes Wort." Damit schlägt sie die Tür laut zu.

Der alte Mann geht traurig und noch müder die Treppe hinunter.

Lied:
O komm, o komm, Emmanuel (GL 902)

Geschichte:
Der störrische Esel und die süße Distel (Karl Heinrich Waggerl)

Als der heilige Josef im Traum erfuhr, daß er mit seiner Familie vor der Bosheit des Herodes fliehen müsse, in dieser bösen Stunde weckte der Engel auch den Esel im Stall.

„Steh auf!“ sagte er von oben herab, „Du darfst die Jungfrau Maria mit dem Herrn nach Ägypten tragen.“

Dem Esel gefiel das gar nicht. Er war kein sehr frommer Esel, sondern eher ein wenig störrisch im Gemüt. „Kannst du das nicht selber besorgen?“ fragte er verdrossen. „Du hast doch Flügel, und ich muß alles auf dem Buckel schleppen! Warum denn gleich nach Ägypten, so himmelweit!“ „Sicher ist sicher!“ sagte der Engel, und das war einer von den Sprüchen, die selbst einem Esel einleuchten müssen.

Als er nun aus dem Stall trottete und zu sehen bekam, welch eine Fracht der hl. Josef für ihn zusammengetragen hatte, das Bettzeug für die Wöchnerin und einen Pack Windeln für das Kind, das Kistchen mit dem Gold der Könige und zwei Säcke mit Weihrauch und Myrrhe, einen Laib Käse und eine Stange Rauchfleisch von den Hirten, den Wasserschlauch und schließlich Maria selbst mit dem Knaben, auch beide wohlgenährt, da fing er gleich wieder an, vor sich hinzumaulen. Es verstand ihn ja niemand außer dem Jesuskind.

„Immer dasselbe“, sagte er, „bei solchen Bettelleuten! Mit nichts sind sie hergekommen, und schon haben sie eine Fuhre für zwei Paar Ochsen beisammen. Ich bin doch kein Heuwagen“, sagte der Esel, und so sah er auch wirklich aus, als ihn Josef am Halfter nahm, es waren kaum noch die Hufen zu sehen.

Der Esel wölbte den Rücken, um die Last zurechtzuschieben, und dann wagte er einen Schritt, vorsichtig, weil er dachte, daß der Turm über ihm zusammenbrechen müsse, sobald er einen Fuß voransetze. Aber seltsam, plötzlich fühlte er sich wunderbar leicht auf den Beinen, als ob er selber getragen würde, er tänzelte geradezu über Stock und Stein in der Finsternis. Nicht lange, und es ärgerte ihn auch das wieder. „Will man mir einen Spott antun?“ brummte er. „Bin ich etwa nicht der einzige Esel in Bethlehem, der vier Gerstensäcke auf einmal tragen kann?“

In seinem Zorn stemmte er plötzlich die Beine in den Sand und ging keinen Schritt mehr von der Stelle.

„Wenn er mich jetzt auch noch schlägt“, dachte der Esel erbittert, „dann hat er seinen ganzen Kram im Graben liegen!“

Allein Josef schlug ihn nicht. Er griff unter das Bettzeug und suchte nach den Ohren des Esels, um ihn dazwischen zu kraulen. „Lauf noch ein wenig“, sagte der heilige Josef sanft, „wir rasten bald!“

Daraufhin seufzte der Esel und setzte sich wieder in Trab. „So einer ist nun ein großer Heiliger“, dachte er, „und weiß nicht einmal, wie man einen Esel antreibt!“

Mittlerweile war es Tag geworden, und die Sonne brannte heiß. Josef fand ein

Gesträuch, das dürr und dornig in der Wüste stand, in seinem dürftigen Schatten wollte er Maria ruhen lassen. Er lud ab und schlug Feuer, um eine Suppe zu kochen, der Esel sah es voll Mißtrauen. Er wartete auf sein eigenes Futter, aber nur, damit er es verschmähen konnte. „Eher fresse ich meinen eigenen Schwanz", murmelte er, „als euer staubiges Heu!"
Es gab jedoch gar kein Heu, nicht einmal ein Maul voll Stroh, der heilige Josef in seiner Sorge um Weib und Kind hatte es rein vergessen. Sofort fiel dem Esel ein unbändiger Hunger an! Er ließ seine Eingeweide so laut knurren, daß Josef entsetzt um sich blickte, weil er meinte, ein Löwe läge im Busch.
Inzwischen war auch die Suppe gar geworden und alle aßen davon, Maria aß und Josef löffelte den Rest hinterher, und auch das Kind trank an der Brust der Mutter, und nur der Esel stand da und hatte kein einziges Hälmchen zu kauen. Es wuchs da überhaupt nichts, nur etliche Disteln im Geröll.
„Gnädiger Herr!" sagte der Esel erbost und richtete eine lange Rede an das Jesuskind, eine Eselsrede zwar, aber ausgekocht scharfsinnig und ungemein deutlich in allem, worüber die leidende Kreatur vor Gott zu klagen hat. „I-A!" schrie er am Schluß, das heißt: „So wahr ich ein Esel bin!" Das Kind hörte alles aufmerksam an. Als der Esel fertig war, beugte es sich herab und brach einen Distelstengel ab, den bot es ihm an.
„Gut!" sagte er, bis ins Innerste beleidigt. „So fresse ich eben eine Distel! Aber in deiner Weisheit wirst du voraussehen, was dann geschieht. Die Stacheln werden mir den Bauch zerstechen, so daß ich sterben muß, und dann seht zu, wie ihr nach Ägypten kommt!"
Wütend biß er in das harte Kraut, und sogleich blieb ihm das Maul offen stehen. Denn die Distel schmeckte durchaus nicht, wie er es erwartet hatte, sondern nach süßestem Honigklee, und würzigstem Gemüse. Niemand kann sich etwas derart Köstliches vorstellen, er wäre denn ein Esel.
Für diesmal vergaß der Graue seinen ganzen Groll. Er legte seine langen Ohren andächtig über sich zusammen, was bei dem Esel so viel bedeutet, wie wenn unsereins die Hände faltet.

Musik

Warten – Advent als Lebenshaltung

11. Adventsfeier

Thema:
Herbergssuche

Verlauf der Adventsfeier

Lied:	Wachet auf, ruft uns die Stimme (GL 110, 1. und 2. Strophe)
Geschichte:	Das Volk Israel kann sich wieder freuen
Besinnung:	
Text:	Herbergssuche
Besinnung:	
Lied:	O komm, o komm, Emmanuel (GL 902)
Text:	Advent als Lebenshaltung
Lied:	Es kommt ein Schiff geladen (GL 114)
Text:	Die strahlenden Kinderaugen
Lied:	Aus hartem Weh die Menschheit klagt (GL 109, 1. Strophe)
Geschichte:	Du grünst nicht nur
Lied:	O Tannenbaum, o Tannenbaum

Vorbereitungen für die Adventsfeier:

Evtl. für Besinnung:

Kassettenrecorder mit angemessener Musik

Lied:
Wachet auf, ruft uns die Stimme (GL 110, 1. und 2. Strophe)

Geschichte:
Das Volk Israel kann sich wieder freuen
(Lesung aus dem Buch Exodus, etwa Ex 33,1-6, oder ähnliche Stellen)

Besinnung:
angemessene Musik

Text:
Herbergssuche

In was betten wir Dich diesmal, Herr? – In unseren Glauben?
Unser Glaube ist gering, sonst würden wir anders leben.

In was betten wir Dich diesmal, Herr? – In unserer Hoffnung?
Unsere Hoffnung ist gering. Wir haben sie von Meinungsmachern treten lassen

In was betten wir Dich diesmal, Herr? – In unsere Liebe?
Unsere Liebe ist gering. Sie richtet sich fast nur auf uns selbst.

In was betten wir Dich diesmal, Herr? – In unsere Freude?
Unsere Freude ist gering. Sie leidet schwer am Besitz und am Geld.

In was betten wir Dich diesmal, Herr? – In unsere Freigiebigkeit?
Unser Schenken ist gering. Wir geben oft das, was wir nicht mehr brauchen.

In was betten wir Dich diesmal, Herr?
Es wird gut sein, Du nimmst wieder mit der Krippe vorlieb,
sie ist weicher als unsere Herzen. Und wer Sehnsucht hat, wird kommen.

Besinnung:
angemessene Musik

Lied:
O komm, o komm, Emmanuel (GL 902)

Text:
Advent als Lebenshaltung

Warten. An der Bushaltestelle. Auf den Briefträger. Im Wartezimmer. Auf den Feierabend. Auf die Einberufung. Im Wartesaal zweiter Klasse. Auf den ärztlichen Befund.
Warten. So oder so. Menschen warten immer und überall. „Ich warte", sagt man am Telefon. „Na, warte", das klingt wie eine Drohung. Kinder können nicht abwarten, Erwachsene natürlich auch nicht. Jemanden warten lassen, jemanden erwarten, nichts mehr erwarten, einfach abwarten, warten ...
Leben ist immer Warten. Das Warten ist ein Kind der Hoffnung, manchmal ein Sorgenkind, aber es muß schon schlimm sein, wenn es nichts mehr zu erwarten gibt. Warten: Es wird schon werden!
Wer wartet, ist unsicher, aber immer noch sicher genug, weiter zu warten. Wer wartet, hat keine Ruhe, und trotzdem verharrt er, hält er aus. Wer wartet, hat Angst, daß er umsonst wartet, aber er geht nicht an dieser Angst zugrunde.
Advent: Leben in Wartestellung. Im Wartestand sein und das Erwartete bereits leben, das ist die Wirklichkeit des glaubenden Menschen. Advent: Nicht nur Zeit im Kirchenjahr, sondern Lebenshaltung und Glaubenshaltung. Dieses Warten lähmt nicht, vielmehr drängt es zur Gestaltung, zum Engagement – christliches Leben und Handeln in der Welt von heute.
Advent: Für die Zusage Gottes offene Ohren haben, Ihm mit offenen Armen entgegengehen, Ihm, der da kommen soll.
Warten lohnt, denn Er ist da.

Lied:
Es kommt ein Schiff geladen (GL 114)

Text:
Die strahlenden Kinderaugen

Unser deutsches Wort „Weihnachten" geht auf die urgermanische Zeit zurück und bezeichnet die 12 geweihten, heiligen Nächte der Wintersonnenwende, die als Fest des werdenden Lichtes mit religiösen Bräuchen verbunden waren. Als das Christentum zu den Germanen kam, feierte die Kirche seit längerer Zeit das Geburtsfest Christi am 25. Dezember. Da dieser Tag in jene heiligen 12 Nächte fiel, übernahmen die bekehrten Germanen einfach den Namen der alten Festnächte; bei den skandinavischen Völkern blieb sogar der Name „JUL“ bestehen.

Ursprünglich hatten die Christen nur ein Wochen- und ein Jahresfest: den Sonntag und Ostern. An beiden wurde die Auferstehung Christi gefeiert. Geburtstage feierten sie nicht, Todestage dagegen begingen sie festlich. Die Römer und Griechen feierten einen Geburtstag und verkündeten an ihm, der Weltheiland sei geboren, er habe das Aussehen der Welt verändert, er habe das Leben, das bisher eine Last war, zur Lust gemacht, er habe das goldene Zeitalter heraufgeführt; aber dieser Heiland war der Kaiser, und die Christen wollten von einem solchen Geburtstag nichts wissen und ihn auch zunächst nicht auf ihren Christus übertragen.

Die Entwicklung ging sehr langsam vor sich. Erst war es eine kleine Christengemeinschaft in Ägypten, außerhalb der großen Kirchen, die in der zweiten Hälfte des zweiten Jahrhunderts ein Fest der Erscheinung Christi bei sich einführte. Nicht den Geburtstag Jesu, sondern den Tag, da Er von Johannes getauft wurde und der Geist auf Ihn herabkam, feierten sie. Sie wählten den 6. Januar dafür aus. Wie sie gerade zu diesem Datum kamen, ist unbekannt; im alten ägyptischen Festkalender ist der Tag nicht als Festtag verzeichnet. Dieses Epiphaniefest, das also älter ist als das Weihnachtsfest, finden wir ein Jahrhundert später auch in der großen katholischen Kirche, erst im Morgenland, dann im Abendland.

Unterdessen hatte man längst den 25. Dezember als Geburtstag Jesu festgestellt, aber noch wagte es niemand, daraus ein Fest zu machen. Der römische Bischof war es.

Geschichte:
Du grünst nicht nur

Der Weihnachtsbaum ist der Deutschen wichtigstes Weihnachtssymbol. Nur jeder dritte Bundesbürger geht Weihnachten in die Kirche, aber acht von zehn feiern den Heiligabend unter dem Christbaum. 11 Millionen Fichten und 5 Millionen Tannen oder Kiefern werden dafür gefällt. Auf jedem 2. Baum stecken elektrische Kerzen. Auf den Zweigen hängen für 50 Millionen Mark Christbaumschmuck und für 20 Millionen Mark Lametta – zusätzlich zum Schmuck aus den Vorjahren. Viele Norddeutsche bevorzugen ihren Baum einfarbig in Silber. Im Süden der Republik ist er meistens bunt. Der Weihnachtsbaumbrauch stammt aus dem Elsaß.

Im 16. Jahrhundert wurde dort eine mit Äpfeln und bunten Papierrosen geschmückte Tanne erstmals zur Feier der Geburt Christi in die Stuben gestellt. Diese Sitte verbreitete sich schnell in den protestantischen Gebieten Deutschlands. Seit etwa 1700 werden Kerzen auf den Baum gesteckt. 1824 schrieb der Leipziger

Lehrer und Musiker Ernst Anschütz zur ersten Strophe eines insgesamt unweihnachtlichen Gedichts von August Zarnack zwei neue Strophen und unterlegte den drei Versen die Melodie eines Studentenliedes: So entstand „O Tannenbaum“. Über die Hälfte der Deutschen singt es oder hört es am Heiligabend.

Lied:
O Tannenbaum, o Tannenbaum

Mahl Christi mit seinen Jüngern. Aus dem Turin-Mailänder Stundenbuch

12. Adventsfeier

Thema:
Biblisches Mahl

Verlauf der Adventsfeier:

Begrüßung und Eröffnung	
Psalm:	Wir loben Gott
Lied:	Lobe den Herren, den mächtigen König (GL 258, 2. und 3. Strophe)
Text:	Lukas 9, 10 b – 17
Text:	Ex. 16, 2-4, 12-15
	Israelischer Brotsegen:
Text:	Johannes 2, 1-11
Israelischer Weinsegen:	
Eröffnung der Mahlzeit:	
Gebet vor dem Essen:	
Lied:	Wenn du singst, sing nicht allein
Text:	Jes. 25, 6-9
Dankgebet und Segenspsalm:	Preise den Herrn, meine Seele
Gebet nach dem Essen:	
Segenspsalm:	
Lied:	Danket, danket dem Herrn (GL 283)

Vorbereitungen für die Adventsfeier:

Für ein biblisches Mahl sind nur Speisen und Getränke vorgesehen, die in der Hl. Schrift erwähnt werden.

Getränke: z. B. Wasser, Milch Wein

Speisen: z. B. Weizen- oder Gerstenbrot, Butter, Fleisch von Lämmern und Ziegen, Käse, Honig, Fisch, Öl

Früchte: z. B. Granatäpfel, Datteln, Feigen, Nüsse, Melonen, Aprikosen, Pflaumen, Weintrauben, Bananen, Orangen, Hülsenfrüchte, Oliven, Mandeln

Kerzen (ideal wäre, wenn sie aus reinem Bienenwachs gefertigt wären). Wenn möglich ein siebenarmiger Leuchter.

Bei unserem biblischen Mahl haben wir die Verbindung mit einem Farblichtbildervortrag vom Hl. Land als sehr sinnvoll empfunden. Referenten sind häufig in der eigenen oder benachbarten Gemeinde zu finden. Andernfalls können Farbdias mit Text auch in den Mediotheken des jeweiligen Bistums ausgeliehen werden.

Begrüßung und Eröffnung:

Ein biblisches Mahl soll kein Essen unter üblichen Umständen des täglichen Lebens sein. Da für den glaubenden Menschen der Bibel sein ganzes Leben mit allem, was dazu gehört, ein Leben vor Gott und in Verbindung mit Gott ist, so gehört für ihn selbstverständlich auch das tägliche Essen dazu. Das biblische Mahl will uns wieder bewußt machen, daß alle unsere Speisen und Getränke Gaben des Schöpfers sind, der diese Erde uns als Lebensraum gegeben hat. Im Unterschied zu Pflanzen und Tieren kann der Mensch sein Tun erkennend und reflektierend vollziehen. Schon in der Sprache wird die Herausgehobenheit des Menschens etwa gegenüber den Tieren deutlich: Wir essen, die Tiere fressen. Der Mensch trinkt, das Tier säuft. Wenn wir diese Ausdrücke bei Menschen anwenden, geben wir damit Maßlosigkeit, Unbeherrschtheit und Triebhaftigkeit zu erkennen, die der Würde des Menschen nicht entsprechen. Der Mensch sitzt bei Tisch. Er nimmt die Speisen aus Schüsseln auf seinen Teller und führt sie mit dem Eßbesteck in den Mund. Wir Menschen essen nicht wie das Tier direkt aus dem Napf. Er tritt nicht mit den Füßen in seinem Essen herum. Kein Landwirt kommt auf den Gedanken, im Viehstahl Tischdecken auszubreiten, Blumenvasen aufzustellen oder Kerzen anzuzünden. Bei Tieren ist Gedränge am Futtertrog üblich, für uns Menschen gilt das als unpassend.
Das Fressen bei Tieren beschränkt sich auf die reine Nahrungsaufnahme. Menschen gehen miteinander zu Tisch, um auch miteinander zu sprechen. So ist Essen für uns Menschen ein Zeichen von Gemeinschaft untereinander und auch ein Zeichen dankbarer Verbundenheit mit Gott, dem gütigen Geber unserer Speisen.
Bei einem biblischen Mahl sollte auch auf die Bilder im Alten und Neuen Testament hingewiesen werden, die das Leben in der vollendeten Gemeinschaft mit Gott häufig als Gastmahl oder Hochzeitsmahl beschreiben.

Psalm:
Wir loben Gott

Lobt Gott, all ihr Menschen,
Kleine und Große, lobet den Herrn.
In Seinem Schatten wohnen wir allezeit.
Für immer und ewig ist Er uns ganz nahe.
Lobt Gott, all ihr Menschen,
Kleine und Große, lobet den Herrn.
Du öffnest Deine Hand, Herr,
und schenkst uns die Speise.
Du verbirgst Dich nicht vor unseren Blicken.

Wir spüren überall Deinen Atem,
wir sehen all Deine Herrlichkeit.
Wir freuen uns an Deiner Welt.
Wir singen Dir fröhlich ein Lied:

HERR; DICH WILL ICH RÜHMEN,
HERR; DU BIST GROß UND GEWALTIG.

Lied:
Lobe den Herren, den mächtigen König (GL 258, 2. und 3. Strophe)

Text:
Lukas 9, 10 b – 17

Wir hören Gottes Wort:
Die Apostel kehrten zurück und erzählten Ihm alles, was sie getan hatten. Da nahm Er sie mit und zog sich, um allein zu sein, zurück in eine Stadt namens Bethsaida. Als die Volksscharen dies erfuhren, folgten sie Ihm. Er nahm sie an, redete zu ihnen vom Reich Gottes, und die der Heilung Bedürftigen machte Er gesund. Schon neigte sich aber der Tag; da traten die Zwölf zum Ihm und sagten: Laß die Menge ziehen; sie sollen in die umliegenden Dörfer und Höfe gehen, um Obdach und Nahrung zu finden. Denn hier sind wir in der Einöde. Er entgegnete ihnen: Gebt ihr ihnen zu essen! Sie sagten: Wir haben nur fünf Brote und zwei Fische. Wir müßten sonst etwa hingehen und für diese ganze Menge Nahrungsmittel kaufen. Es waren nämlich ungefähr fünftausend Männer. Da sagte Er zu seinen Jüngern: Laßt sie sich in Gruppen zu je etwa fünfzig lagern. Sie machten es so und ließen alle sich lagern. Er nahm die fünf Brote und die zwei Fische, blickte gegen den Himmel, segnete und brach sie und übergab sie den Jüngern, damit diese sie den Volksscharen vorlegten. Alle aßen und wurden satt. Ja, man hob noch an übriggebliebenen Brocken zwölf Körbe voll auf.

Text:
Ex. 16, 2-4, 12-15

Wir hören Gottes Wort:
Die ganze Gemeinde der Israeliten murrte wider Moses und Aaron in der Wüste. Die Kinder Israels sprachen zu ihnen: „O, daß wir doch durch die Hand des Herrn in Ägypten gestorben wären, da wir an den Fleischtöpfen saßen und Brot genug zu essen

hatten! Ihr habt uns aber in diese Wüste geführt, um diese ganze Schar den Hungertod sterben zu lassen!" Der Herr sprach zu Mose: „Seht, Ich will euch Brot vom Himmel regnen lassen! Das Volk soll dann hingehen und sich den Tagesbedarf einsammeln; Ich will es darauf prüfen, ob es nach Meinem Gesetze wandelt oder nicht."
„Ich habe das Murren der Kinder Israels gehört; sage ihnen folgendes: ‚Heute gegen Abend werdet ihr Fleisch essen und morgen in der Frühe euch an Brot sättigen; daran sollt ihr erkennen, daß Ich der Herr bin, euer Gott!'" Und es geschah am Abend, da kam ein Wachtelschwarm angeflogen und bedeckte das Lager. Am Morgen aber war rings um das Lager ein Taubelag. Als aber der Taubelag aufstieg, da lag auf der Oberfläche der Wüste etwas Feines, Knisterndes, fein wie Reif am Boden. Die Kinder Israels sahen es und sprachen zueinander: „Man hu? (Was ist das?)" Sie wußten nämlich nicht, was es war. Da sprach Moses zu ihnen: „Das ist das Brot, das der Herr euch zur Nahrung gibt."

Israelischer Brotsegen:

Gesegnet seist Du, Herr, unser Gott, der Du das Brot aus der Erde hervorbringst. Amen.
Wir brechen und essen ein Stück Brot.

Text:
Johannes 2, 1-11

Wir hören Gottes Wort:
Und am dritten Tag war eine Hochzeit zu Kana in Galiläa, und die Mutter Jesu war dabei. Aber auch Jesus und seine Jünger waren zur Hochzeit geladen. Als der Wein ausging, sagt die Mutter Jesu zu ihm: „Sie haben keinen Wein mehr". Jesus spricht zu ihr: „Frau, was begehrst du da von mir? Meine Stunde ist noch nicht gekommen." Da sagte seine Mutter zu den Dienern: „Alles, was Er euch sagt, das tuet." Es standen, aber sechs steinerne Wasserkrüge für die Reinigungen dort, wie sie bei den Juden üblich waren. Jeder von ihnen hielt zwei bis drei Maß. Jesus sagte zu ihnen: „Füllet die Krüge mit Wasser", und sie füllten sie bis zum Rande.
Darauf spricht Er zu ihnen: „Schöpfet nun und bringt es dem Speisemeister." Sie brachten es hin. Der Speisemeister verkostete das Wasser, das zu Wein verwandelt war. Er wußte nicht, woher er gekommen sei. Die Diener aber, die das Wasser geschöpft hatten, wußten es. Da ruft der Speisemeister dem Bräutigam zu und sagt zu ihm: „Jedermann setzt zuerst den guten Wein vor und dann wenn sie angetrunken sind, den geringeren. Du aber hast den guten Wein bis jetzt aufbewahrt." Diesen Anfang der Wunder machte Jesus zu Kana in Galiläa; er offenbarte dadurch seine Herrlichkeit, und seine Jünger glaubten an ihn.

Israelischer Weinsegen:

Gesegnet seist Du, Herr, unser Gott, König der Welt, für das Gewächs des Weinstocks. Amen.
Israelischer Trinkspruch; Le chajim = Zum Leben
Wir genießen den Saft der Trauben.

Eröffnung der Mahlzeit:

Hinweis zu den Regeln:

1. Bei einem biblischen Mahl werden Essen und Trinken verbunden mit Gebeten, Liedern und dem persönlichen Gespräch.
2. Niemand bedient sich selbst. Jeder wartet so lange, bis der Nachbar gegenüber oder neben uns Speisen und Getränke anbietet.
   So lenkt das biblische Mahl unsere Aufmerksamkeit auf den anderen, und jeder, vor allem, wenn man warten muß, erfährt dadurch, daß Speisen und Getränke Gaben sind, die wir täglich neu empfangen.

Gebet vor dem Essen

Wir setzen uns an einen Tisch, haben Frieden miteinander. Wir teilen Brot und Worte und danken Gott, dem Herrn, der für uns da ist in guten und in schlechten Zeiten.
Segne, Vater, unser Essen. Laß uns Neid und Haß vergessen, schenke uns ein fröhlich Herz. Leite Du so Herz wie Hände, führe Du zum guten Ende unsere Freude, unseren Schmerz.
Wir essen und trinken.
Wir sprechen miteinander.
Wir freuen uns in der Gemeinschaft.

Lied:
Wenn du singst, sing nicht allein

Wenn du singst, sing nicht allein, steck andre an, Singen kann Kreise ziehn. Wenn du singst, sing nicht allein, steck andre an. Zieh den Kreis nicht so klein, zieh den Kreis nicht so klein.

Wenn du sprichst, sprich' nicht allein …

Wenn du ißt, iß' nicht allein …

Wenn du lachst, lach' nicht allein …

Text gegen Ende des biblischen Mahles: Jes. 25, 6-9

Wir hören noch einmal das Wort der Bibel:
Der Herr der Heerscharen wird zubereiten für alle Völker auf diesem Berg ein Mahl von Fettspeisen, ein Mahl von abgelagerten Weinen, markige Fettspeisen, geläuterte Weine. Er wird vernichten auf diesem Berge die Hülle, die über alle Völker gebreitet, die Decke, die über alle Nationen geflochten ist. Vernichten wird Er für immer den Tod. Der Gebieter und Herr wird abwischen die Tränen von jeglichem Antlitz, die Schmach Seines Volkes nimmt Er hinweg von der ganzen Erde! Fürwahr, der Herr hat gesprochen. An jenem Tag wird man sprechen: „Seht, unser Gott, auf den wir vertrauten, daß Er uns helfe! Das ist der Herr, auf den wir hofften; laßt uns frohlocken und jubeln ob Seiner Hilfe!"

Dankgebet und Segenspsalm (gemeinsam)

Preise den Herrn, meine Seele, Er ist der Herr meines Lebens, Er wird es lenken, Er wird es tragen und behüten.
Brich aus in Jubel, meine Seele, Er hat mich geschaffen, ich bin Sein Eigentum und gehöre ganz zu Ihm. Er umsorgt mich und läßt mich nicht aus seiner Hand.
Freu dich, meine Seele, denn Mein Gott ist gütig, Seine liebende Sorge umgibt mich, in Ihm bin ich geborgen.
Jauchze über Gott, meine Seele, denn der Herr ist treu.
Herr, wie zahlreich sind Deine Werke!
Mit Weisheit hast Du sie alle gemacht,
die Erde ist voll von Deinen Geschöpfen.
Sie alle warten auf Dich, daß Du ihnen Speise gibst.
Öffnest Du Deine Hand, werden sie satt an Gutem.
Verbirgst Du Dein Gesicht, packt sie Verwirrung.
Nimmst Du ihnen den Atem, so schwinden sie dahin
und kehren zurück zum Staub der Erde.
Sendest Du Deinen Geist aus, so werden sie alle belebt,
und Du erneuerst das Antlitz der Erde.

Gebet nach dem Essen (gemeinsam)

Wir gehen auseinander, bleiben eines Sinnes.
Wir fühlen uns beschenkt und danken Gott,
dem Herrn, der für uns da ist,
in guten und in schlechten Zeiten.

Herr, wir danken Dir für alle Gaben,
die Du uns geschenkt hast.
Lehre uns nicht nur in Worten
sondern in Tat und Wahrheit danken,
denn dann erfüllen wir Deinen Willen.
Durch Jesus Christus, unsern Herrn, Amen.

Segenspsalm

Gott sei uns gnädig und segne uns.
Er lasse Sein Angesicht über uns leuchten,
damit auf Erden Sein Weg erkannt wird
und unter allen Völkern Sein Heil.
Die Völker sollen Dir danken, o Gott,
danken sollen Dir die Völker alle.
Die Nationen sollen sich freuen und jubeln.
Denn Du richtest den Erdkreis gerecht.
Du richtest die Völker nach Recht
und regierst die Nationen auf Erden.
Die Völker sollen Dir danken, o Gott,
danken sollen Dir die Völker alle.
Das Land gab seinen Ertrag.
Es segne uns Gott, unser Gott.
Es segne uns Gott.
Alle Welt fürchte und ehre Ihn!

Lied:
Danket, danket dem Herrn (GL 283)

Krippe

13. Adventsfeier

Thema:
Krippe

Verlauf der Adventsfeier

Lied:	Wir sagen euch an den lieben Advent (GL 115, Strophen nach Anzahl der zu entzündenden Kerzen)
Einleitung:	Advent (Gisela Kempkens)
Lied:	Tauet, Himmel, den Gerechten (GL 901)
Text:	Hl. Franziskus
Lied:	O Heiland, reiß die Himmel auf (GL 105, 1. u. 2. Strophe)
Text:	Bethlehem, die Geburtsstätte Jesu
Lied:	Gott, heilger Schöpfer aller Stern (GL 116, 1.-3. Strophe)
Text:	Auch in unserer Mitte steht eine Krippe
Lied:	Ich steh an Deiner Krippe hier (GL 141, 1. Strophe)
Text:	Ich steh an deiner Krippe (Siegfried Kettling)
Lied:	Ich steh an Deiner Krippe hier (GL 141, 2. Strophe)
Gedicht:	Zur Krippe kommen *(gemeinsam sprechen)*
Geschichte:	Die Krippe (Reiner Strunk)
Lied:	Wachet auf, ruft uns die Stimme (GL 110, 1. u. 2. Strophe)
Geschichte:	Eine Weihnachtsmesse
Lied:	O komm, o komm, Emmanuel (GL 902, 1.-3. Strophe)

Vorbereitungen für die Adventsfeier:

Eine große Krippe im Kreise der Teilnehmer aufstellen.

Jeder Teilnehmer bekommt als Symbol für die Adventsfeier eine Krippe, die nach dem unten aufgezeichneten Schnittmuster aus Pappe ausgeschnitten wird.

Lied:
Wir sagen euch an den lieben Advent (GL 115, Strophen nach Anzahl der zu entzündenden Kerzen)

Einleitung:
Advent (Gisela Kempkens)

ADVENT
alles rennt.
Muß das sein?
Halt doch mal ein!
Laß dir ein Licht anzünden,
die Botschaft dir von Engeln künden!
Mach heute dich noch auf und geh,
nur vorwärts auf die Krippe seh!
Geh langsam Schritt für Schritt;
Nimm deine Freunde mit zu einem Fest
das Freude läßt!

Nur vorwärts auf die Krippe sehen. Die Krippe haben wir zum Thema unserer diesjährigen Adventsfeier gewählt. Im Lukasevangelium steht: Sie gebar ihren Erstgeborenen, wickelte ihn in Windeln und legte ihn in eine Krippe, weil in der Herberge kein Platz für sie war.
Krippe ist also ein Ort, in die Maria ihr Kind legt. Was weiß man von damals von der Krippe im Stall zu Bethlehem?
Schon immer kreisten die Gedanken der Christenheit liebevoll um Stall und Krippe zu Bethlehem, die Geburtsstätte Jesu. Rührung und Romantik rankten sich um die Geburt im Stall. Wie aber war es wirklich damals, als die Engel den Hirten die Geburt des Erlösers in einem Stall zu Bethlehem verkündeten? Außerhalb Bethlehems an den Hängen eines Hügelrückens, auf dem das Städtchen erbaut ist, befanden sich verschiedene Höhlen.

Wir sehen ein Dia von den heutigen Hirtenfeldern in Bethlehem.

Sie dienten den Hirten des Ortes als Wohnung, aber auch als Unterkunft für ihre Herden. Noch heute sind die Höhlen von arabischen Flüchtlingen bewohnt. Eine solche Höhle wählten Maria und Josef sich für ihren Aufenthalt.
Das war gewiß kein Palast, aber auch kein Stall in unserem Sinn, sondern eine ärmliche orientalische Wohnung. In die Felswand grub man Nischen und Behälter zur Aufnahme der wenigen Habseligkeiten. Eine Ausbuchtung des Felsens diente zur

Fütterung der Tiere. Eine Feuerstelle, einige Strohmatten und Decken vervollständigten die Innenausstattung.
Vor der Naturhöhle befand sich meist noch ein Hof, gemauert aus aufgetürmten Steinen, in dem sich die Tiere aufhielten. Die Höhle, in der sich Maria und Josef aufhielten, und in der Jesus zur Welt kam, war unbewohnt; die Hirten befanden sich mit ihren Herden auf der Weide. In eine der vorhandenen Felsnischen legte die Gottesmutter nach der Geburt ihr Kind, nachdem sie es in der landesüblichen Art fest in Tücher gewickelt und zusammengeschnürt hatte.

Lied:
Tauet, Himmel, den Gerechten (GL 901)

Text:
Hl. Franziskus

Sehr reich seit den frühesten Zeiten ist die bildliche Darstellung der Geburt Jesu im Stall zu Bethlehem. Sicher wissen wir alle vom hl. Franziskus von Assisi. (*Wir sehen ein Landschaftsbild von Assisi.*) Was wollte der hl. Franziskus, damals im Jahre 1223 in Greccio? Er wollte wirklich mit leiblichen Augen erleben, wie sehr Gott uns Menschen liebt. Er wollte das Gedächtnis an jenes Kind begehen, das in Bethlehem geboren wurde. Er wollte die bittere Not, die es schon als Kind zu leiden hatte, wie es in eine Krippe gelegt, an der Ochs und Esel standen, wie es auf Heu gebettet wurde, so greifbar wie möglich darstellen.
Und was tut Franziskus? Er baut Gott eine Krippe. Ein Ochse und ein Esel werden herbeigeführt. Auf einem Felsblock wird das Jesuskind auf Heu gelegt. Von überall her kommen die Leute mit Kerzen und Fackeln. Sie erleben die Geburt Jesu in Bethlehem auf diese Weise neu: mit ihren leiblichen Augen.
Ein Geschichtsschreiber aus der damaligen Zeit erzählt: Die Leute werden mit neuer Freude erfüllt, als sie in der Krippe ein Kind sehen; denn das Kind Jesus war in vieler Herzen vergessen. Und dann: „Das Aussehen des ganzen Landes änderte sich in kurzer Zeit. Es legte die alte Häßlichkeit ab und zeigte überall ein fröhliches Gesicht."

Wir sehen ein Dia von Assisi heute.

Was hat Franziskus zur Weihnacht gepredigt? Was Armut war, wußten die umbrischen Hirten, die zum Fest des Bettlers kamen. Was Hunger war, wußten die barfüßigen Kinder, die staunend an der Krippe standen. Wie das Leben spielt, wußten die Alten, die gläubig niederknieten. Was es bedeutet, heimatlos zu sein, wußten die fahrenden Händler, die einen flüchtigen Blick in den Stall warfen. Wie wenig

große Wirte helfen, wußten die Zweifler, die sich skeptisch im Hintergrund hielten. Was hat Franziskus zur Weihnacht gepredigt? Vielleicht hat er nur gesagt: Seht das Kind! Christus – unser Bruder!
Für Franziskus war die Menschwerdung Gottes in dem Kind zu Bethlehem der Beweis dafür, daß Gott uns Menschen liebt, und daß Er unser Leben hell und froh machen will. Das sollten die Leute auch so greifbar wie möglich mit ihren leiblichen Augen schauen. Deshalb baute er Gott eine Krippe. Durch seine Krippenfeier in Greccio hat er damals den Leuten wirklich sichtbar und erlebbar gemacht, wie sehr Gott uns Menschen liebt. Und seit dieser Zeit stellen die Leute in jedem Jahr in ihren Kirchen und Wohnungen Krippen auf.

Lied:
O Heiland, reiß die Himmel auf (GL 105, 1. u. 2. Strophe)

Text:
Bethlehem, die Geburtsstätte Jesu

Wir sehen ein Dia von der Geburtsgrotte.

Und Bethlehem, die Geburtsstätte Jesu, wie sah und wie sieht sie heute aus?
Schon die ersten Christen mußten den Ort der Geburt Jesu heiliggehalten haben, denn um ihn zu entweihen, hatte Kaiser Hadrian (117-138) einen Adonistempel über der Grotte erbauen lassen. Aber gerade dadurch wurde diese Stätte umso fester dem Bewußtsein der Menschen eingeprägt.
Der heilige Origines (um 185-254), ein Forscher und kritischer Exeget, schrieb ganz sicher über Bethlehem: „Man zeigt in Bethlehem die Höhle, wo Er geboren wurde, und in der Höhle die Krippe, wo Er in Windeln eingewickelt lag.“ Und als Hieronymus im Jahr 385 nach Bethlehem kam, erhob sich bereits über der Geburtsgrotte die prächtige Basilika des Kaisers Konstantin.
Diese fünfschiffige Kirche wurde weder durch die Perser noch durch die Mohammedaner zerstört und ist die älteste Kirche der Christenheit. Äußerlich gleicht die Basilika einer Festung. Der Eingang ist klein, so daß man sich bücken muß, um hineinzukommen. Dann aber ist man von der Größe dieses Raumes überwältigt. Unter dem Chorraum, der mit Ampeln und Ikonen reich geschmückt ist, liegt das Herz der Geburtskirche, die Grotte. Ein kleiner Altar auf vier Säulen, ein mit Marmor bedeckter Boden und darin ein Silberstern, der die Inschrift trägt: „Hic de virgine Maria Jesus Christus natus est“ – ”Hier ist von der Jungfrau Maria Jesus Christus geboren worden.” Auch die Wände sind mit Marmorplatten verkleidet und mit Teppichen behängt. Nur an der Decke kommt der nackte Fels zum Vorschein und läßt etwas von der Armut der Höhlen aus der Zeit Jesu ahnen.

Unzählige Menschen aus allen Kontinenten machen sich auf, um an Weihnachten in Bethlehem zu sein. Die Zahlen der Besucher des Geburtsortes Jesu steigen alle Jahre wieder am Heiligen Abend sprunghaft an. Pausenlos entlassen Busse ihre Fahrgäste, Weihnachtsbotschaft aus vielen Lautsprechern in vielen Sprachen. Der „Friede auf Erden" wird vom Militär geschützt. Demütig gebeugt steigt man die zwei Stufen zur Geburtsgrotte hinab. Ein enger Raum für die vielen Besucher. An dem Ort des wahren Ursprungs des christlichen Glaubens bleibt wenig Zeit zum Nachdenken, zu einer Minute der Stille, zum Gebet. Der Leiter mahnt zur Eile. Noch viele stehen draußen vor der Tür.

Wir sehen ein Dia von einer Krippe.

Lied:
Gott, heilger Schöpfer aller Stern (GL 116, 1.-3. Strophe)

Text:
Auch in unserer Mitte steht eine Krippe

Auch in unserer Mitte steht eine Krippe. In Gedanken empfinden wir in jedem Jahr bildlich nach, wie Du als armes Kind in eine Krippe gelegt wurdest.
Was füllt sie in diesem Jahr? Womit füllen wir die Krippe unseres Herzens? In was betten wir dich diesmal?

In was betten wir Dich diesmal, Herr?
In unseren Glauben?
Unser Glaube ist gering,
sonst würden wir anders leben.

In was betten wir Dich diesmal, Herr?
In unsere Hoffnung?
Unsere Hoffnung ist gering.
Wir haben sie von Meinungsmachern treten lassen.

In was betten wir Dich diesmal, Herr?
In unsere Liebe?
Unsere Liebe ist gering.
Sie richtet sich fast nur auf uns selbst.

In was betten wir Dich diesmal, Herr?
In unsere Freude?
Unsere Freude ist gering.
Sie leidet schwer am Besitz und am Geld.

In was betten wir Dich diesmal, Herr?
In unsere Freigebigkeit?
Unser Schenken ist gering.
Wir geben oft das, was wir nicht mehr brauchen.

In was betten wir dich diesmal, Herr?

Es wird gut sein,
Du nimmst wieder mit der Krippe vorlieb,
sie ist weicher als unsere Herzen.
Und wer Sehnsucht hat, wird kommen.

Wir stehen mit Sehnsucht an Deiner Krippe, sonst wären wir heute Abend nicht hier. Es gibt im Gotteslob ein Lied: „Ich steh an Deiner Krippe hier". Wir wollen es gemeinsam singen.

Lied:
Ich steh an Deiner Krippe hier (GL 141, 1. Strophe)

Text:
Ich steh an deiner Krippe (Siegfried Kettling)

Was bedeutet es: Ich steh an Deiner Krippe?
Kann dieses alte Weihnachtslied aus dem Jahre 1653, das fast 340 Jahre alt ist, noch eine Botschaft aussenden in unsere Zeit?

Ich

Dieses „ich" ist doch ein unmöglicher Anfang für ein Weihnachtslied! Schon unseren Kindern versuchen wir beizubringen: Es heißt nicht: „Ich und meine Mutter." Auch als Briefanfang ist das Wörtchen „ich" verpönt. Und ausgerechnet am „Fest der Liebe" soll es voranstehen? Heißt denn Liebe nicht gerade vom „Du" her denken, mit den Augen des anderen sehen, Freude für den anderen aufspüren? Ist Liebe nicht eben der Schritt vom Ich weg hin zum Du? Nur ja kein Ich am Beginn einer Weihnachtsstrophe! – Doch halt! Ob ich nicht gerade mit dieser vermeintlichen Bescheidenheit Gottes Liebe von mir stoße, seinem Weihnachtsgeschenk die Annahme verweigere, Gott selbst die Tür weise? Es geht doch um das Fest der Liebe Gottes! Um das Wunder, daß Gottes Liebe uns Menschen wichtiger nahm als sich selbst, zu uns kam „in unser armes Fleisch und Blut". Hat Gott nicht unser kleines „Du" ganz groß geschrieben? Du Mensch, Ich habe dich lieb! Dann ist das Ich gar nicht das erste Wort, es ist schon Antwort, dankbares Echo. Da tritt ein Mensch, von Gottes Liebe aus all seinen Verstecken herausgelockt, nach vorn und meldet sich zur Stelle: „Herr, hier bin ich."

steh

„Stehen“ scheint auch nicht gerade eine Advents- und Weihnachtsvokabel. „Laufen, rennen, jagen, hetzen“ passen eher. Auch in Bachs Weihnachtsoratorium heißt es: „Frohe Hirten eilt, ach eilet; eh ihr euch zu lang verweilet ...“ In der Tat: „Lasset uns nun gehen gen Bethlehem!“ Aber was denn? Ob nicht ein Weihnachtsfest ganz umsonst ist, an dem wir nicht stille stehen, staunend, mit großen verwunderten Augen? Stille stehen da, wo die Tür aus der Ewigkeit sich öffnet, stille stehen und unsere Armbanduhren und Wecker vergessen? Ja, „stehen“. Die aufrechte Haltung des Menschen ist Kennzeichen des Gottesebenbildes. Das Stehen ist dem Menschen „anständig“, nicht das Buckeln und Kriechen. Doch die Bibel muß berichten vom „gefallenen“ Menschen, vom Stürzen, Gleiten, Absinken ins Bodenlose, vom Verfallen-Sein an Tod und Hölle. Das aber ist die Weihnachtsfreude: Gott hat uns wiederhergestellt, hat uns neu den „Standort“ gegeben bei sich, hat uns wieder Boden unter die Füße gelegt: „Aber nun steh ich, bin munter und fröhlich ...“

an deiner Krippe

Was für ein Thronsaal, was für ein seltsamer Platz für eine Audienz! Krippe und Windeln, Futtertrog fürs Vieh und Zeichen des Menschlich-Allzumenschlichen. Parfüm des Elends ringsum. Doch gerade so kommt Er mir nah, macht sich mir zugänglich, greifbar, faßlich. Wie groß muß der sein, der es sich leisten kann, so beschämend klein zu werden. So klein, daß auch der letzte „Außenseiter“ nach innen geholt wird, daß auch einer, der sich wie der „letzte“ Dreck fühlt, hier willkommen ist, in Gottes ewiger „Herberge zur Heimat“.

hier

Wieso? Ich lebe heute – nicht vor 2000 Jahren, hier – nicht im Orient. Und das Lied: „Alle Jahre wieder kommt das Christuskind“ ist sicher nicht christlich, mogelt sich an dem „Einmal“ der großen Taten Gottes vorbei. Und doch – Wunder des Raum und Zeit übergreifenden Gottesgeistes! – In dies einmalige und damalige Ereignis werde ich hereingeholt. Der Glanz aus dem Stall umleuchtet, erwärmt mein Heute und Hier und umschließt zugleich alle Tage meines Lebens.

O Jesu, Du ...

Da ist es, das Du, jene Ursilbe in der Sprache der Liebe und auch in der Sprache des Betens. Da ist das eine Wort, das mir bleibt, das mich umfängt, wenn mein Mund einmal verstummt: Jesus. Hier geht es nicht um gedankliche Probleme, nicht um Christologie, um Lehre und Begriffe. Hier stellt mir das Kind in der Krippe die letzte und tiefste, dabei die schlichteste Weihnachtsfrage: „Mensch, du, sag, hast du mich lieb?“ Und ich darf verhalten und doch froh Lebenszeichen geben: „O Jesu, Du! Ich sehe Dich mit Freuden an und kann nicht satt mich sehen ...“

mein Leben

Mein Leben? Das ist also nicht hier, wo ich meinen Herzschlag spüre, hier, wo meine Lunge atmet, meine Glieder sich bewegen? Mein Leben liegt nicht in mir, sondern außerhalb? Mein Leben, dort als Kind in der Krippe? Dann ist mein Leben ja sichergestellt, außerhalb meiner selbst, wohlverwahrt, behütet bei Gott. Ein Leben, das Tod und Angst nicht erreichen können. Wenn ich nun dieses Kind betrachte, das ja Gottes Weihnachtsgeschenk ist, dann weiß ich: Er hat mir nicht etwas geschenkt, sondern sich selbst. Und damit habe ich zugleich „mein Leben“ empfangen. Jetzt weiß ich, „wer“ ich bin, weiß meinen Wert und Würde, muß nicht „zu etwas kommen“, es „zu etwas bringen“, „etwas aus mir machen“, „mir einen Namen verschaffen“. Ich bin ja wer! Und wer und was ich bin, das ist für immer sichergestellt in Ihm, der „mein Leben“ ist. So bekomme ich zu Weihnachten mit Ihm mich selbst geschenkt, mich selbst als Gottes Kind. Jetzt kann ich wirklich mit Claudius singen: „Ich danke Gott und freue mich wie's Kind zur Weihnachtsgabe, daß ich bin, bin und daß ich dich, schön menschlich Antlitz habe.“

Ich komme, bring und schenke Dir

Da sind endlich die Verben der Bewegung, die zu Weihnachten gehören. Da beginnt fröhliche Geschäftigkeit. Lebensäußerungen sind das, erste Regungen von Gottes Kindern. Die Freude macht, hast mir damit mein Leben gebracht, hier ist nun mein kleines Dankeschön, mein Weihnachtsgeschenk für dich!”

... was Du mir hast gegeben

Aber was kann ich Dir schon bringen? Dir, dem Schöpfer, gehört ja ohnehin alles. Auch das Gold, der Weihrauch und die Myrrhe, die jene Weisen vor Dir niederlegten, waren ja längst Dein eigen. Ich kann also nur „zurückgeben“, was Du mir anvertrautest, kann bewußt als Dein Lehnsträger leben. Hier wäre alles Eigentum, aller „Privatbesitz“ in der Tat Raub, Unterschlagung! Aber dazu, daß ich Dir gehöre mit allem, was ich bin und was ich habe, will ich jetzt fröhlich Ja sagen, will mich Dir zur Verfügung stellen; wie ein Blankoscheck magst Du mich behandeln: Mach mit mir, was Du willst.

mein Geist und Sinn, Herz, Seel und Mut, nimm alles hin

Nicht etwas will ich dir geben, um mit dem Etwas (vielleicht dem Zehnten) mich und das Brot freizukaufen. Solches Feilschen wäre ein miserables „Weihnachtsgeschäft“, ein gottloses. Also nimm mich, mich und das Meine, mich und die Meinen.

... und laß Dir's wohlgefallen

Das ist meine Weihnachtsbitte! Denn was ist schon viel daran an dem, was ich Dir bringe? Da sagen wir: „Ich habe dem Heiland mein Herz geschenkt“ und meinen Stolz, wunder was für Großes wir da geleistet, was Schönes wir da abgeliefert hätten. Und dabei gleicht dieses Herz doch eher einer rostigen Konservendose, die ein großer freundlicher Herr sieht, sich freundlich über sie bückt, sie emporhebt und mit in seine Wohnung nimmt. Nein, es ist nicht viel an dem, was wir Dir mit uns schenken. Ob wir anderes dabei tun als Dir Probleme, Sorgen, Enttäuschungen aufzuhalsen? Und doch fragst Du nach uns, suchst uns, willst nicht ohne uns selig sein. Wunder über Wunder: Du freust dich über uns, Du läßt Dir's wohlgefallen. So sei's denn; „so laß mich doch Dein Kripplein sein, komm, komm und lege bei mir ein Dich und alle Deine Freuden.“

Lied:
Ich steh an Deiner Krippe hier (GL 141, 2. Strophe)

Gedicht:
Zur Krippe kommen *(gemeinsam sprechen)*

Zur Krippe kommen
mit Lauen, mit Frommen
gemeinsam, allein,
wie's immer mag sein:
Sind die Hände dann leer,
fällt dieser Gang schwer.

Zur Krippe kommen
bewußt, gar benommen,
jung oder alt,
im Herzen warm oder kalt:
Sind die Hände verschlossen,
wird der Gang sein verdrossen.

Zur Krippe kommen,
weil die Botschaft vernommen,
im Blick fest das Kind,
gleich ob lahm, ob geschwind:
Sind die Hände bereit,
führt der Gang in die Weit'.

Zur Krippe kommen,
auch wenn fragend, beklommen,
ob ist Weihnacht im Haus,
ob dort Freud, Leid, ob Graus:
Sind die Hände am Geben,
bringt der Gang neues Leben.

Geschichte: Die Krippe (Reiner Strunk)

Ich bin eine alte, einfache Futterkrippe, und der Bauer hat gesagt, ich hätte ausgedient, endgültig. Er hat mich noch einmal vor sich hingestellt, hat mich angesehen und kräftig geschüttelt und leise gemurmelt: Das ganze Ding geht ja aus dem Leim! Dann hat er mich genommen, hat mich aus dem Stall und ein Stück über die Wiese getragen bis zu einem nahen Schuppen, wo Holz herumliegt, das zerkleinert und fürs Feuer verwendet werden soll.

Seit Tagen lehne ich nun an der Bretterwand des kleinen Schuppens, schaue den Vögeln zu, die über die Wiese streichen und den Stall umkreisen, lausche dem Wind, der mit den Ästen und Zweigen der Bäume spielt und in den Ritzen und Löchern der Barackenwand neben mir wie auf einer Flöte musiziert. Und mich wundert, daß ich so fröhlich bin!

Ich empfinde keine Angst, weil ich nun ausgedient habe und weil mein Leben zu Ende geht, und es ist auch keine Bitterkeit in mir, die mir zu schaffen machen könnte. Ich liebe es vielmehr, mich zu erinnern an alles, was gewesen ist, was ich erfahren habe und ich entdeckt habe in meinem Leben; und ich habe das Gefühl: es ist alles gut.

Dabei hatte ich das Gefühl durchaus nicht immer und auf dieselbe Weise. Vielmehr hatte im Grunde alles ganz anders begonnen, denn es hatte damit angefangen, daß Menschen mir weh taten. Und wahrscheinlich haben sie es gar nicht einmal gemerkt. Sie kamen daher, Männer mit Äxten und Sägen über der Schulter, stapften durch den Wald, fällten die Stämme dicht über der Erde.

Ich war ein schmächtiges Bäumchen, hatte immer zu wenig Luft und Licht bekommen zwischen zwei Brüdern, die sich reckten und breit machten mit ihren Ästen und die viel gerader gewachsen waren als ich. Ich war kleiner als sie, und ich war ein wenig verwachsen. Die Männer traten auf mich zu, einer stieß mit dem Fuß gegen meinen Stamm, daß ich erzitterte, und kurze Zeit später hieben sie mich um. Die Schläge und die Schnitte taten mir weh, aber ich konnte ja nichts dagegen tun. Nachher wurde ich zusammen mit anderem Holz auf einen Wagen geladen und aus dem Wald fortgebracht. Ich kam nach Bethlehem, in den Hof einer Schreinerei. Dort lagerte ich eine Weile und dachte nach über alles, was ich verloren hatte, und empfand Heimweh nach dem Wald und auch nach den Brüdern.

Eines Tages wurde das Holz, das im Hof des Schreiners lag, in Arbeit genommen und sortiert. Aststücke wurden entfernt, die Rinde abgezogen, der Stamm zerlegt, einzelne Stücke in Bretter und Scheite zerschnitten. Mit mir machte der Knecht sich weniger Mühe als mit anderen Stämmen. Er packte mich schließlich zu einem Holzstoß zusammen, brachte mich in die Werkstatt zum Meister, und der prüfte mich kurz, sagte nur unfreundlich „Knüppelholz!" Mit diesem Wort war ich endgültig kein Baum mehr. Ich war zu einem minderwertigen Zeug geworden, kaum mehr als ein Abfall.

Aus meiner dunklen Werkstattecke konnte ich den Meister beobachten bei seiner Arbeit. Er sägte und hobelte und zimmerte an etwas herum, tagaus tagein, und verwendete ein besonders feines, helles Holz dazu. Ich glaube, es war ein sehr wertvolles Holz, das es in unserem Land gar nicht gab und das von weither geholt werden mußte. Manchmal war der Schreiner mißmutig, weil ihm die Arbeit nicht so gelang, wie er sich das wünschte, und manchmal trat ein vornehmer Herr in die Werkstatt, der besah sich die Arbeit; lobte, was ihm gefiel, tadelte, was ihm mißraten schien und verabschiedete sich nie, ohne den Meister zur Eile aufzufordern. Endlich kam der Tag, an dem die Arbeit des Meisters fertig wurde. Es war eine Wiege, und sie war wunderschön. Ich wurde ganz traurig und beschämt, wenn ich dagegen mich selber ansah: die Astlöcher, die es an mir gab; die Faulstellen, die verharzten Knoten, die der Schreinergeselle mir einfach gelassen hatte. Der vornehme Herr erschien in der Werkstatt mit einem Diener, die kostbare Wiege wurde feierlich übergeben und vorsichtig fortgetragen. Ich träumte davon, auch einmal eine solche Wiege zu sein, und wußte zugleich, daß es niemals geschehen würde.

Der Meister schien selbst mit seiner Arbeit zufrieden, und nach einer Weile holte er mich aus meiner Ecke hervor, warf mich lieblos auf den Boden, murmelte etwas von Abfall, der die Mühe nicht lohne, und von einem Futtertrog, den man allenfalls daraus machen und für irgendeinen Viehstall verwenden könne. Darauf begab sich der Schreiner an sein Geschäft, aber ich merkte, er war gar nicht so richtig bei der Sache. Er schlug Latten und Leisten grob zusammen, war in kurzer Zeit fertig, stieß mich zurück in die Ecke und gönnte mir keinen weiteren Blick. Da stand ich nun lange herum: eine armselige Futterkrippe aus minderwertigem Holz, und es gab keinen, der mich haben wollte. Endlich geschah es, daß der Schreiner mit einem Bauern aus der Gegend handelseinig wurde, der mehrere Tröge und einen Tisch bestellt hatte, und dem gab er mich umsonst dazu, eine Dreingabe aus Gefälligkeit. Und so kam ich in einen Stall des Bauern auf dem Feld von Bethlehem.

Das Leben einer Futterkrippe hatte ich mir gar nicht übel vorgestellt: die Tiere würden mich brauchen, vielleicht sogar lieben. Sie würden zu mir kommen, wenn sie Hunger spürten, und sie würden mit ihren Mäulern das Futter aus meinen Armen nehmen. Und wenn sie weggingen, konnte ich gewiß sein, daß sie auch wiederkämen und bei mir nach Nahrung suchten.

Aber leider hatte ich mich getäuscht. Ich stand Tage und Nächte allein im Stall, und die Tiere waren irgendwo draußen und Futter hatte ich auch nicht. Ich war ganz leer und ich war ganz überflüssig, und ich empfand deutlich, wie mir das weh tat, mehr noch als die Axtschläge der Holzfäller und der Hobel und der Hammer des Schreiners mir weh getan hatten.

Und dann – eines Nachts – wurde alles anders. Es war zunächst ein Abend und eine Nacht gewesen, wie die vorigen auch, es war dunkel geworden und still, und ich war allein. Aber plötzlich hörte ich Schritte, und bei den Schritten waren leise Stimmen. Und kurz darauf trat ein Mann herein, der trug eine Laterne in der Hand und leuchtete damit herum. Dann führte er vorsichtig eine Frau am Arm in den Stall hinein, die war ganz in ein großes Tuch gehüllt, aber ich konnte erkennen, daß sie mühsam ging, wie unter einer schweren Last. Und der Mann richtete aus Stroh und aus anderen Dingen, die er finden konnte, ein Lager her, auf dem die Frau sich niederlassen konnte, und sie tat es sehr langsam und mit großer Behutsamkeit, als könnte etwas an ihr zerbrechen. Es dauerte nicht lange, dann schien sie eingeschlafen, jedenfalls lag sie ruhig da, und der Mann rückte die Laterne beiseite und hockte sich auf die Erde und wartete.

In dieser Nacht hat die Frau ein Kind geboren, und die Geburt dieses Kindes hat für mich alles verwandelt.

Die Mutter versorgte ihr neugeborenes Kind, und ich sah, daß sie lächelte. Der Mann aber schleppte mich aus meiner Ecke, stellte mich vor die Frau mit dem Kind, füllte mich mit Stroh, das herumlag, legte Tücher darüber und bat die Frau, ihr Kind in meine Arme zu betten. Sie tat es. Und ich hatte im selben Augenblick das Gefühl, daß es anfing, zu leuchten in mir, daß es hell wurde, wie es lange nicht, vielleicht niemals zuvor hell gewesen war, und daß ich sehr froh wurde. Ich hatte das Kind aufgenommen, und das Kind war mir ganz nahe, und es machte mich reich. Die armselige Krippe war nicht mehr bloß armselig, sie war jetzt auch reich; aber das ahnte ich mehr, als ich es im Augenblick begriff. Ich merkte es an meiner Erregung und an meinem Eifer, für das Kind eine gute Herberge zu sein: ein Aststück, das aus dem Krippenboden herausragte, versuchte ich glatt zu machen und mit Stroh zu bedecken, damit es nicht weh tat.

Und ich hätte auch gern wie eine kostbare, königliche Wiege langsam hin und her geschaukelt, wenn ich dazu imstande gewesen wäre.

Seit dieser Nacht ist viel Zeit verstrichen, lange Jahre, in denen beinahe alles zu sein schien wie früher: Ich war eine Futterkrippe, und ich stand oft allein da und wurde nicht gebraucht und wurde nicht beachtet. Aber hin und wieder holte der Bauer auch Tiere in den Stall, kranke Tiere meistens, die Schutz und Ruhe brauch-

ten, und dann diente ich ihnen als Futterkrippe und freute mich, wenn die sanften Mäuler das Stroh rauften aus meinen Armen und mich zärtlich berührten dabei, als wollten sie liebkosen.
Es war vieles wie früher, vor dieser geheimnisvollen Nacht, aber vieles hatte sich auch geändert. Am meisten, glaube ich, hatte sich etwas geändert in mir. Es war etwas eingedrungen in mich, das vorher nicht da war, und ich habe bis heute keinen Namen gefunden, der es vollkommen beschreibt. Manchmal denke ich: In dieser Nacht hab ich meine Seele erhalten, oder: in dieser Nacht bin ich aufgewacht. Aber es ist ja auch gar nicht wichtig, wie man das nennt, was ich da erfahren habe. Wichtig ist, daß ich es erfahren habe. – Dem Kind sein Dank!

Lied:
Wachet auf, ruft uns die Stimme (GL 110, 1. u. 2. Strophe)

Geschichte:
Eine Weihnachtsmesse

Ich möchte von einer Weihnachtsmesse erzählen, die ganz anders war als alle Messen, die ich bisher erlebt habe.
Ich reiste über Weihnachten auf die Insel Kuba, die vor Mexiko liegt und seit fünfundzwanzig Jahren nach dem Willen seiner Regierung ein atheistisches Land ist. Das heißt, Kuba ist ein Land, in dem Religion keine Rolle spielt. Christen dürfen nicht öffentlich ihre Meinung sagen. Es gibt auch keine einzige christliche Zeitung. Die Kirchen sind zum Teil verfallen und zerstört. Es gibt kein Geld, um sie wieder aufzubauen. Alle kirchlichen Feste dürfen nur in den zerfallenen Kirchen selbst und dort in aller Stille gefeiert werden. Sogar die Feiertage haben sie dort abgeschafft. Es gibt weder Ostern, noch Pfingsten, noch Weihnachten. Dafür feiern sie am 1. Januar den Tag des Sieges der Revolution.
Die Kinder werden in modernen Schulen erzogen. Sie kommen nur über das „Wochenende" nach Hause. In den Schulen aber erfahren sie nichts von Gott und von Jesus.
Am ersten Weihnachtstag war es auf Kuba so warm, daß viele, die mit mir am 24. Dezember dort mit dem Flugzeug angekommen waren, im Meer schwimmen wollten. Das Wasser war herrlich warm, und die Sonne strahlte heiß vom Himmel herab. Uns aber interessierte die Hauptstadt der Insel. Deshalb schlenderten meine Frau und ich durch die Straßen Havannas. Ich fotografierte vieles, was mich interessierte.
Plötzlich entdeckten wir eine Kirche. Sie sah recht verfallen aus. Bestimmt hatte sie früher einmal zwei prächtige Türme.

Aber die waren damals, als in Havanna gekämpft wurde, zerstört worden. Auch die waren stark beschädigt. Die Türen hingen schief in ihren Angeln. Es gab nicht einmal Scharniere, um sie zu reparieren. Als wir näher kamen, sahen wir, daß einige Leute zu dieser Kirche gingen und eintraten. Wir zögerten etwas, folgten ihnen dann aber doch. Als wir die Kirche betraten, erschraken wir. Hier sah alles ebenso verwahrlost und zerstört aus wie draußen. Der Putz blätterte ab. Aus den Wänden waren Stücke herausgebrochen.
Es waren auch nur wenige Menschen hier, nicht mehr als dreißig alte Leute. Wir sahen nur weißhaarige, schlecht gekleidete farbige Männer und Frauen. Aber da stand ein Priester. Und dieser Priester kam auf jeden zu, der die Kirche betrat, lächelte ihn an und reichte ihm die Hand. Als er uns sah, begrüßte er uns ebenfalls mit einem frohen Lächeln. Er sagte auch etwas zu uns, was wir aber leider nicht verstehen konnten, weil wir nicht Spanisch sprechen.
Dann deutete er nach vorn zum Altar. Und wirklich! Dort stand ein Weihnachtsbaum, der mit ein paar Kerzen geschmückt war. Er war gewiß ein ganz armseliger Weihnachtsbaum. Solch einen Baum hätten wir bestimmt niemals in einer unserer Kirchen gefunden. Niemand hätte ihn für würdig befunden, dort zu stehen. Aber hier in dieser abbruchreifen Kirche schenkte er Wärme und Freude. Hier durfte das Licht der Kerzen in einem ganz besonderen Glanz erstrahlen. Neben dem Altar stand eine Krippe mit einigen Figuren. Das waren bestimmt keine wertvollen Krippenfiguren. Sie waren aus Papier und Kleister geformt. bunt angemalt und mit Lack überzogen. Aber sie erzählten auf ihre Weise von dem Wunder, das zu Weihnachten geschehen war. Sie berichten davon, daß Weihnachten Gott Seinen Sohn zur Welt geschickt, damals in Bethlehem und heute auch hier, hier in Havanna auf Kuba.
Als die Messe begann, erblickte ich die Meßdiener. Sie sahen anders aus als alle Meßdiener, die ich bisher gesehen hatte. Es waren zwei alte Frauen. Ich schätzte sie beide über siebzig Jahre. Zwei farbige alte Frauen mit weißen Haaren schritten langsam durch den Mittelgang des Kirchenschiffes. Sie gingen still und feierlich, so wie sie es sicher vor vielen Jahren als Kinder bereits getan hatten.
Der Priester stimmte ein Lied an, das wir kannten. Wir summten die Melodie leise mit. Es gab keine Orgel. Aber die brüchigen Stimmen der alten Menschen hier in der verfallenen Kirche ließen das Weihnachtslied so innig und herzlich erklingen, daß sie alles vergessen ließen, die Löcher in den Mauern, den abgeblätterten Putz und die armselige Ausstattung des Kirchenraumes.
Noch einmal wurde die Tür geöffnet. Ein Mann und eine Frau traten ein. Dazu zwei Kinder. Sie werden wohl fünf und acht Jahre gewesen sein.
Da wendeten sich alle zu den Kindern um, weil es die einzigen Kinder waren, die heute zur Messe gekommen waren. Und als die heilige Kommunion begann, nahmen die alten Menschen die Kinder in ihre Mitte, schoben sie behutsam nach vorn, daß sie ganz nahe an dem Weihnachtsbaum und der Krippe waren.
So war auch hier in Havanna das Wunder der Weihnacht wieder Wirklichkeit

geworden. Hier hatten sich Christen zusammengefunden, um die Geburt unseres Herrn zu feiern. Und das mitten in Havanna auf Kuba, das seit fünfundzwanzig Jahren ein atheistisches Land ist. Und das zu Weihnachten, einem Feiertag, den man im kubanischen Kalender nicht mehr findet.
„Navidad felices!“ sagten die Kubaner zu uns und drückten uns die Hände, bevor sie die Kirche verließen. „Navidad felices!“ sagten wir. „Ja, frohe Weihnachten!“
Dann traten wir an diesem Weihnachtsmorgen in das gleißende Sonnenlicht hinaus.
So ähnlich muß es früher gewesen sein, dachte ich. Damals, als sich die ersten Christen heimlich trafen und von diesem Jesus erzählten, der von Gott geschickt worden war. Damals konnten sie dafür mit dem Tod bestraft werden.
In Kuba werden Christen nicht öffentlich verfolgt. Aber es gehört schon etwas dazu, an einem Tag, der eigentlich gar kein Feiertag ist, zusammen Weihnachten in der Kirche zu feiern.
Ich bin dankbar, daß ich diese Weihnachtsmesse mitfeiern durfte.
„Navidad felices!“

Abbildungsverzeichnis

S. 8: Copyright: Saarland-Museum in der Stiftung Saarländischer Kulturbesitz, Saarbrücken.
S. 24: Foto Dr. Heinz Bauer, Borchen
S. 44, 80, 100, 130, 144, 172: Archiv Verlag
S. 62, 112, 156, 166, 180: privat

Quellennachweis